Hans-Hermann Hertle

Die Berliner Mauer

Biografie eines Bauwerkes

Ch. Links Verlag

Ch.Links

Zum Autor

Hans-Hermann Hertle, Dr. phil., geboren 1955 in Eisern, Kreis Siegen, wissenschaftlicher Mitarbeiter am Zentrum für Zeithistorische Forschung Potsdam. Zahlreiche Bücher zur Sozial- und Zeitgeschichte sowie Dokumentarfilme, darunter: »Als die Mauer fiel. 50 Stunden, die die Welt veränderten«, ARD-Fernsehdokumentation 1999 (zusammen mit Gunther Scholz); »Damals in der DDR. Der Alltag im Arbeiter- und Bauernstaat«, 2004 (zusammen mit Stefan Wolle); »Chronik des Mauerfalls«, 12. Auflage, 2009.

Die Deutsche Nationalbibliothek verzeichnet diese Publikation in der Deutschen Nationalbibliografie; detaillierte bibliografische Daten sind im Internet über www.dnb.de abrufbar.

1. Auflage, Juli 2011
Buchhandelsausgabe mit freundlicher Genehmigung der Bundeszentrale für politische Bildung, Adenauerallee 86, 53113 Bonn, www.bpb.de
Christoph Links Verlag GmbH
Schönhauser Allee 36, 10435 Berlin, Tel.: (030) 44 02 32-0
www.christoph-links-verlag.de; mail@christoph-links-verlag.de
Bildredaktion: Hans-Hermann Hertle
Grafisches Konzept und Gestaltung: Leitwerk. Büro für Kommunikation, Köln, www.leitwerk.com
Umschlaggestaltung: KahaneDesign, Berlin,
unter Verwendung eines Fotos von Paul Glaser, Berlin (DDR-Grenzer beobachten eine Polizeiaktion in West-Berlin, Potsdamer Platz 1988)
Druck und Bindung: Westermann Druck GmbH, Braunschweig
ISBN 978-3-86153-649-9

Editorischer Hinweis

Im gesamten Buch wird durchgehend die neue Rechtschreibung verwendet, auch die Zitate werden dementsprechend angepasst.

Inhalt

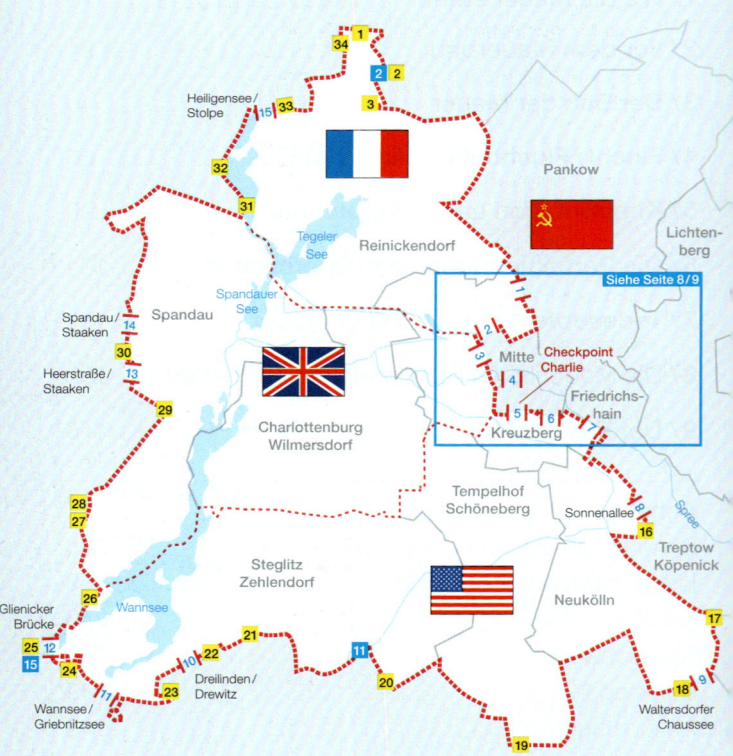

Heiligensee / Stolpe

Pankow

Lichten-
berg

Tegeler
See

Reinickendorf

Spandauer
See

Siehe Seite 8 / 9

Spandau / Staaken

Spandau

Mitte

Checkpoint Charlie

Heerstraße / Staaken

Friedrichs-
hain

Charlottenburg
Wilmersdorf

Kreuzberg

Tempelhof
Schöneberg

Sonnenallee

Spree

Treptow
Köpenick

Glienicker
Brücke

Wannsee

Steglitz
Zehlendorf

Neukölln

Dreilinden /
Drewitz

Wannsee /
Griebnitzsee

Waltersdorfer
Chaussee

Die Berliner Mauer

Grenzübergänge

8 Sonnenallee: West-Berliner, DDR-Bürger

9 Waltersdorfer Chaussee: West-Berliner, Transitreisende im Flugverkehr

Der Auto- bzw. Eisenbahn-Transitverkehr von und nach West-Berlin führt durch die Grenzübergänge

10 Dreilinden / Drewitz (Autobahn)

11 Wannsee / Griebnitzsee (Eisenbahn)

12 Glienicker Brücke: Alliierte Militärangehörige, seit 1985 Diplomaten

13 Heerstraße / Staaken (Fernstraße, bis 1987)

14 Spandau / Staaken (Eisenbahn)

15 Heiligensee / Stolpe (Autobahn, ab 1982)

Grenzübergänge **1** – **7** siehe nächste Seite.

Mauerreste

1 Bergfelde
2 Glienicke / Nordbahn
3 Entenschnabel
16 Neukölln / Sonnenallee
17 Rudow
18 Schönefeld
19 Mahlow
20 Teltow
21 Kleinmachnow
22 Grenzübergang Drewitz
23 Dreilinden
24 Griebnitzsee
25 Glienicker Brücke
26 Sacrow und Kladow
27 Groß Glienicke
28 Groß Glienicke „Mauerfriedhof"
29 Weinbergshöhe
30 Staaken
31 Spandau
32 Nieder Neuendorf
33 Stolpe-Süd
34 Hohen Neuendorf

Mauerreste **4** – **15** siehe nächste Seite.

Mauerreste, die bis heute erhalten sind:
www.chronik-der-mauer.de/mauerreste

Vergleichsfotos von Mauer und Todesstreifen früher und heute (siehe Kapitel 1)

2 Zwischen Frohnau und Bieselheide
11 Teltow-Seehof
15 Glienicker Brücke

Weitere Vergleichsfotos:
www.chronik-der-mauer.de/frueherheute

Marzahn
Hellersdorf

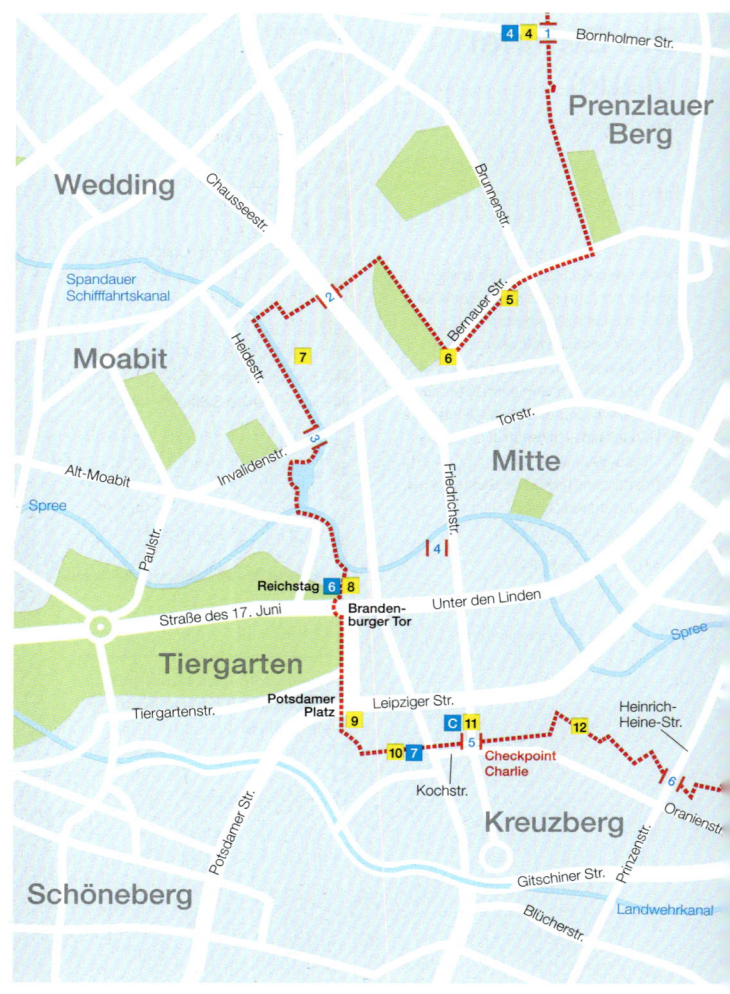

Bornholmer Str.

Prenzlauer Berg

Wedding

Chausseestr.

Brunnenstr.

Spandauer Schifffahrtskanal

Bernauer Str.

Moabit

Heidestr.

Torstr.

Mitte

Alt-Moabit

Invalidenstr.

Friedrichstr.

Spree

Paulstr.

Reichstag

Straße des 17. Juni

Brandenburger Tor

Unter den Linden

Spree

Tiergarten

Tiergartenstr.

Potsdamer Platz

Leipziger Str.

Heinrich-Heine-Str.

Checkpoint Charlie

Kochstr.

Kreuzberg

Schöneberg

Potsdamer Str.

Gitschiner Str.

Prinzenstr.

Oranienstr.

Blücherstr.

Landwehrkanal

Grenzübergänge

- | 1 | Bornholmer Straße: West-Berliner, Bundesbürger, DDR-Bürger, Diplomaten
- | 2 | Chausseestraße: West-Berliner, DDR-Bürger
- | 3 | Invalidenstraße: West-Berliner, DDR-Bürger
- | 4 | Bahnhof Friedrichstraße: West-Berliner, Bundesbürger, DDR-Bürger, Diplomaten, Ausländer, Alliierte Militärangehörige
- | 5 | „Checkpoint Charlie" Friedrichstraße / Zimmerstraße: Alliierte Militärangehörige, Ausländer, Diplomaten, DDR-Bürger
- | 6 | Heinrich-Heine-Straße: Bundesbürger, DDR-Bürger, Diplomaten
- | 7 | Oberbaumbrücke: West-Berliner, DDR-Bürger

Grenzübergänge | 8 | – | 15 | siehe vorherige Seite.

Mauerreste

- 4 Bornholmer Straße
- 5 Bernauer Straße
- 6 Nordbahnhof
- 7 Invalidenfriedhof
- 8 Reichstag / Brandenburger Tor
- 9 Potsdamer Platz
- 10 Gropiusbau
- 11 Grenzübergang „Checkpoint Charlie"
- 12 Kommandantenstraße
- 13 Schillingbrücke
- 14 East Side Gallery
- 15 Treptow / Schlesischer Busch

Mauerreste 1 – 3 und 16 – 34 siehe vorherige Seite.

Mauerreste, die bis heute erhalten sind:
www.chronik-der-mauer.de/mauerreste

Vergleichsfotos von Mauer und Todesstreifen früher und heute (siehe Kapitel 1)

- 4 Grenzübergang Bornholmer Straße
- 6 Reichstag
- 7 Gropiusbau
- C „Checkpoint Charlie" Friedrich- / Zimmerstraße

Weitere Vergleichsfotos:
www.chronik-der-mauer.de/frueherheute

Friedrichshain

Holzmarktstr.

13

East Side Gallery

14 Mühlenstr.

Warschauer Str.

7 Oberbaum-brücke

Skalitzer Str.

15

Hauptstr.

Spree

1
Wo die Mauer stand

6 Am Reichstagsgebäude, Ostseite, Blick von Süden, 2005. < West / Ost >
< Vorherige Seite: Gedenkstätte Berliner Mauer, Bernauer Straße.

Früher und heute

Auf 1.084 Fotos hinterließen die DDR-Grenztruppen eine Gesamttopografie
der Berliner Mauer. Dajana Marquardt suchte fünfzehn Jahre nach dem
Abriss Standorte der Militär-Fotografen auf und machte Vergleichsfotos.

Alle Bildpaare unter: www.chronik-der-mauer.de/frueherheute

6 Am Reichstagsgebäude, 1980er-Jahre. < West / Ost >

7 Gropiusbau und Haus der Ministerien (heute: Finanzministerium), Berlin-Mitte, 2005.
< West / Ost >

7 Gropiusbau und Haus der Ministerien (heute: Finanzministerium), Berlin-Mitte, 1980er-Jahre. < West / Ost >

15 Glienicker Brücke, Potsdam, 2005, Blick von Potsdam Richtung West-Berlin.

15 Glienicker Brücke, Potsdam, 1980er-Jahre, Blick von Potsdam Richtung West-Berlin.

11 Teltow-Seehof, 2005. < West / Ost >

11 Teltow-Seehof, 1980er-Jahre. < West / Ost >

2 Zwischen Frohnau und der Bieselheide, Glienicke / Nordbahn, 2005. < West / Ost >

2 Zwischen Frohnau und der Bieselheide, Glienicke / Nordbahn, 1980er-Jahre. < West / Ost >

4 Bornholmer Straße, Bösebrücke, 2005. < Ost / West >

4 Bornholmer Straße, Bösebrücke, 1980er-Jahre. < Ost / West >

C Checkpoint Charlie, 2007, Blick von West-Berlin Richtung Ost-Berlin.

C Checkpoint Charlie, 1970er-Jahre, Blick von West-Berlin Richtung Ost-Berlin.

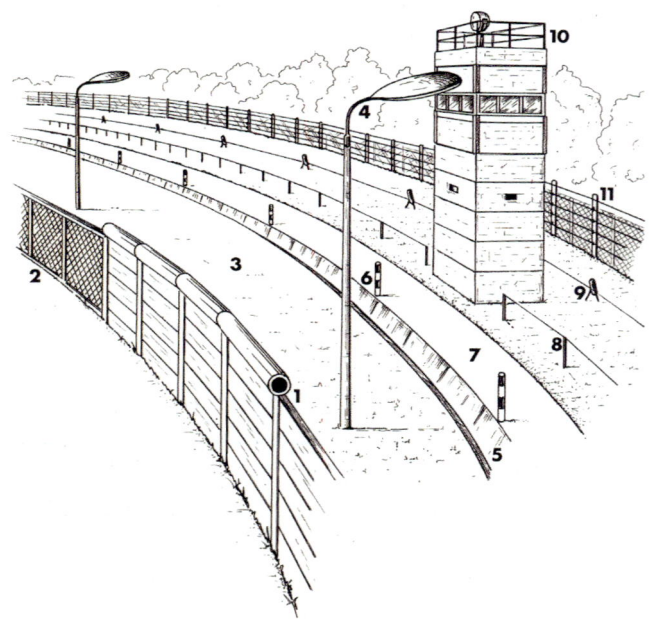

Mauer und Todesstreifen (1970er-Jahre)

1 Grenzmauer (vorderes Sperrelement)
2 Metallgitterzaun
3 Kontrollstreifen
4 Lichttrasse
5 KfZ-Sperrgraben
6 Äußere Begrenzung
   des Kolonnenweges

7 Kolonnenweg
8 Führungsdraht für Hundelaufanlagen
9 Alarmdrähte und Signalgeräte
10 Beobachtungsturm
11 Grenzsignalzaun
   bzw. Hinterlandsperrzaun

Die Berliner Mauer in Zahlen

Gesamtlänge 156,4 km
  43,7 km durch Berlin
112,7 km durch das Umland

Von der Gesamtlänge führen
  63,8 km durch bebaute Gebiete
  32,0 km durch Wald
  22,7 km durch offenes Gelände
  38,0 km entlang der Wasser-
          grenze (Flüsse und Seen)

  41,9 km „Grenzmauer-75"
          (Höhe 3,60 m)
  59,0 km Grenzmauer in
          Plattenbauweise
  68,4 km Streckmetallgitterzaun
          als vorderes Sperr-
          element
161,0 km Lichttrasse
113,9 km Alarmzäune
     186 Beobachtungstürme
      31 Führungsstellen
     484 Wachhunde

Nach Angaben der DDR-Grenztruppen (1989).

Zwischen 1961 und 1989 registrierte die West-Berliner Polizei:

mindestens 5.075 gelungene Fluchten über Mauer und Todesstreifen,
davon 574 Fahnenfluchten

1.709 Fälle von Schussabgaben durch Grenzsoldaten,
bei denen mindestens 119 Flüchtlinge verletzt wurden

456 Geschosseinschläge in West-Berlin,
in 14 Fällen erwiderte die West-Berliner Polizei das Feuer

37 Sprengstoffanschläge gegen die Mauer

Aktuelle Forschungen belegen
mindestens 136 Todesopfer an der Berliner Mauer.

2
Vor dem Mauerbau

Deutschland 1945:
Kriegsende und Besetzung

Als die Mauer 1961 in Berlin errichtet wird, ist Deutschland bereits 16 Jahre lang ein geteiltes Land.

Zuvor waren mindestens 55 Millionen Menschen, davon 25 Millionen Zivilisten, durch Krieg und Verbrechen der nationalsozialistischen Gewaltherrschaft ums Leben gekommen. Die Kriegsniederlage, die der Nazi-Diktatur im Mai 1945 ein Ende bereitete, war deshalb zugleich eine Befreiung.

Das Deutsche Reich wird 1945 von den Siegermächten des Zweiten Weltkrieges besetzt und in eine sowjetische, amerikanische, britische und französische Zone geteilt. Die bisherige Hauptstadt Berlin wird ebenfalls in vier Sektoren gegliedert.

Die Siegermächte bestimmen die neue politische, wirtschaftliche und soziale Ordnung in den vier Zonen. Ihre wichtigsten Ziele sind Entmilitarisierung, Entnazifizierung, Dezentralisierung und Demokratisierung. Auf der Potsdamer Konferenz im Sommer 1945 wird aber auch festgelegt: Die wirtschaftliche Einheit Deutschlands soll bewahrt werden, die politische Wiedervereinigung soll bald folgen.

Doch die Anti-Hitler-Koalition zerbricht schnell. Die Sowjetunion baut ihre militärisch errungenen Machtpositionen gewaltsam aus. In den mittelosteuropäischen Ländern errichtet sie mit den von ihr gesteuerten kommunistischen Parteien neue Diktaturen.

Die USA belassen in Europa und Asien Truppen, um die imperiale Machtpolitik der Sowjetunion einzudämmen. Allen freien Völkern, die vom Kommunismus bedroht werden, sichern die USA ihre Unterstützung zu.

< Vorherige Seite: Soldaten hissen die sowjetische Fahne auf dem Gebäude des Reichstages in Berlin, Mai 1945.

Der Kalte Krieg beginnt: Zwei unvereinbare Weltanschauungen ringen weltweit um Macht und Einfluss. Ein Hauptschauplatz dieses Kalten Krieges ist das geteilte Deutschland.

Stalin (Sowjetunion) – Truman (USA) – Churchill (Großbritannien): Die „Großen Drei" in Potsdam, Juli 1945.

Die Aufteilung Deutschlands wird von den Staatsführern der Vereinigten Staaten, der Sowjetunion und Großbritanniens im Februar 1945 auf einer Konferenz in Jalta beschlossen. In der Schlussphase des Zweiten Weltkrieges verständigen sich US-Präsident Franklin Roosevelt, KPdSU-Chef Josef Stalin und der britische Premierminister Winston Churchill auf die Bildung von vier Besatzungszonen mit einem gemeinsamen alliierten Kontrollrat. Auch Berlin soll in vier „Sektoren" geteilt werden. Frankreich, das in Jalta nicht vertreten ist, wird dabei mit einer eigenen Zone und einem eigenen Sektor in Berlin berücksichtigt.

Die Folgekonferenz im Juli und August 1945 in Potsdam bestimmt als Ziele der Besatzungspolitik in Deutschland vor allem: Demokratisierung, Denazifizierung, Demilitarisierung und Dekartellisierung. Doch gemeinsame Vorstellungen über den Weg zur Erreichung dieser Ziele gibt es kaum. Schon kurz nach Kriegsende zerbricht die Anti-Hitler-Koalition. Das geteilte Nachkriegs-Deutschland und die geteilte Hauptstadt Berlin werden zu einem Hauptschauplatz des Kalten Krieges.

Gründung zweier deutscher Staaten 1949

In den drei Westzonen und den Westsektoren Berlins verordnen die Besatzungsmächte USA, Großbritannien und Frankreich den Westdeutschen und West-Berlinern eine Demokratie nach westlichem Muster: Auf der Grundlage einer privatwirtschaftlichen Eigentumsordnung entsteht 1949 ein demokratischer Verfassungsstaat mit Mehrparteiensystem, Gewaltenteilung, pluraler Institutionenordnung und freien Wahlen: die Bundesrepublik Deutschland – ein Bollwerk gegen den Kommunismus.

In der Sowjetischen Besatzungszone und im sowjetisch besetzten Sektor Berlins wird unter sowjetischer Kontrolle auf der Basis einer verstaatlichten Wirtschaft eine kommunistische Einparteienherrschaft etabliert. Die allein regierende SED schaltet die bürgerlichen Parteien sowie die Gewerkschaften gleich und unterdrückt jede politische Opposition. Freie Wahlen werden nicht abgehalten. Am 7. Oktober 1949 wird auf dem Gebiet der sowjetischen Besatzungszone die „Deutsche Demokratische Republik" proklamiert – ein militärischer Vorposten der Sowjetunion in Mitteleuropa.

Die Bundesregierung erhebt nach der doppelten Staatsgründung einen Alleinvertretungsanspruch für alle Deutschen; da die DDR-Regierung nicht aus freien Wahlen hervorgegangen ist, erkennt sie die DDR als Staat nicht an. Nehmen dritte Staaten diplomatische Beziehungen zur DDR auf, reagiert die Bundesregierung darauf mit Gegenmaßnahmen bis hin zum Abbruch der diplomatischen Beziehungen. Damit gelingt es der Bundesrepublik, die DDR bis zum Ende der 1960er-Jahre außenpolitisch zu isolieren. Die DDR selbst hält zunächst ebenfalls am Ziel der deutschen Einheit fest, aber nur unter sozialistischem Vorzeichen: Eine Wiedervereinigung durch eine freie, allgemeine und gleiche Wahl lehnen die SED-Machthaber ab.

Umfangreiche Demontagen und hohe Reparationsforderungen der Sowjetunion verlangsamen den Wiederaufbau in der DDR. Die sozialistische Planwirtschaft erweist sich zudem als ineffizient. Die wirtschaftliche Kluft zwischen der DDR und der Bundesrepublik wird in den 1950er-Jahren immer tiefer.

Viele Bewohner der DDR entscheiden sich zur Flucht aus der DDR: aus wirtschaftlichen, politischen und familiären Gründen.

„Von Stettin an der Ostsee bis nach Triest am Adriatischen Meer ist längs durch den Kontinent ein eiserner Vorhang gefallen."

„[…] Warschau Berlin, Prag, Wien, Budapest, Belgrad, Bukarest und Sofia, alles berühmte Städte. Und die Völker um sie herum leben in dem, was ich die sowjetische Sphäre nennen muss. Sie alle unterliegen, in der einen oder anderen Form, nicht nur sowjetischem Einfluss, sondern zu einem sehr hohen und in vielen Fällen steigenden Maße auch der Kontrolle Moskaus."

Winston Churchill in Fulton, USA, 5. März 1946.

Flucht aus der DDR

Dreieinhalb Millionen Menschen flüchten zwischen 1945 und 1961 aus der Sowjetischen Besatzungszone und späteren DDR in die Bundesrepublik. Sie fliehen, weil sie Verwandte im Westen haben, weil ihnen Grund und Boden weggenommen wird, weil sie als Christen benachteiligt und verfolgt werden, weil die Versorgung schlecht ist, weil die politische Freiheit stirbt.

Beschlüsse der SED zum beschleunigten Aufbau des Sozialismus, Rentenkürzungen, Preiserhöhungen für Lebensmittel und schließlich die Erhöhung der Arbeitsnormen lösen den Volksaufstand vom 17. Juni 1953 aus, der in Forderungen nach freien Wahlen und Wiedervereinigung kulminiert. Sowjetische Soldaten und Panzer eilen dem SED-Regime zu Hilfe und schlagen den Aufstand nieder. Nach dem 17. Juni 1953 verstärkt sich die Fluchtbewegung aus der DDR dramatisch. In den Folgejahren schwillt sie mit jeder Repressionsmaßnahme und jedem politischen Ereignis, das die Spaltung Deutschlands vertieft, erneut an: 1955 nach der Unterzeichnung des Warschauer Pakts, 1956 nach der Gründung der Nationalen Volksarmee, 1957 mit der Verschärfung des Kampfes gegen die Kirchen, 1960 mit der Zwangskollektivierung der Landwirtschaft.

Das SED-Regime reagiert auf diese „Abstimmung mit den Füßen" zunehmend härter: Bereits am 26. Mai 1952 sperren militärische Einheiten die Grenze zur Bundesrepublik mit Stacheldraht ab. Gleichzeitig werden in Berlin zahlreiche Straßen zwischen Ost und West und die direkten Fernsprechverbindungen gesperrt. Wegen des alliierten Status der Stadt läuft der Verkehr über die verbleibenden 81 Sektorenübergänge trotz der wirtschaftlichen und politischen Teilung weiter – und auch die Flucht über Ost- nach West-Berlin.

Im Dezember 1957 verschärft die SED-Führung die Strafgesetze: Das Verlassen der DDR wird als „Republikflucht" strafrechtlich verfolgt und mit Haftstrafen bis zu drei Jahren geahndet; schon Vorbereitung und Versuch werden mit Gefängnisstrafen bedroht.

Im Sommer 1961 nimmt der Flüchtlingsstrom über Berlin dramatisch zu. Die DDR-Propaganda wirft dem Westen Abwerbung und Menschenhandel vor, intern kennt man jedoch die wirklichen Fluchtmotive: Ablehnung der politischen Entwicklung in der DDR, bessere Lebenschancen im Westen.

Siehe auch: www.chronik-der-mauer.de > Chronik > 1961 > April / Mai

DDR-Flüchtlinge im West-Berliner Notaufnahmelager Marienfelde, August 1961.

24-jähriger Maschinenschlosser aus Thüringen, ledig, 14. Juli 1961
„Ich habe zu Angehörigen der sowjetischen Besatzungsmacht gesagt, sie
sollten machen, dass sie nach Hause gehen und sollten Ulbricht gleich
mitnehmen. Das hat einer von der SED gehört, welcher mir drohte, ich würde
bald keine Gelegenheit mehr haben, solche Äußerungen in der Öffentlichkeit
zu machen. Da habe ich es vorgezogen, aus der Zone zu verschwinden."

**35-jähriger Traktorist aus dem Kreis Anklam, verheiratet, Kinder,
18. Juli 1961** „Ich konnte dem Druck, der auf mich ausgeübt wurde,
um in die SED und Kampfgruppe einzutreten, nicht mehr standhalten.
Die schlechten Verdienstmöglichkeiten in der LPG und die schlechte
Lebensmittelversorgung haben auch mit dazu beigetragen. Und dann
habe ich mir Gedanken über die Erziehung meiner Kinder gemacht; ich bin
bestrebt, sie im christlichen Glauben zu erziehen. Und das war durch die
Schule und den Kindergarten kaum möglich."

Fluchtbewegung aus der DDR und dem Ostsektor von Berlin 1949 – 1961

Jahr	Personen	Jugendliche unter 25
1949	129.245	–
1950	197.788	–
1951	165.648	–
1952	182.393	–
1953	331.390	48,7 %
1954	184.198	49,1 %
1955	252.870	49,1 %
1956	279.189	49,0 %
1957	261.622	52,2 %
1958	204.092	48,2 %
1959	143.917	48,3 %
1960	199.188	48,8 %
1961 *	207.026	49,2 %

* bis zum Beginn des Mauerbaus am 13. August 1961.

„Die DDR, Deutschland, ist das Land, in dem sich entscheiden muss, dass der Marxismus-Leninismus richtig ist, dass der Kommunismus auch für Industriestaaten die höhere, bessere Gesellschaftsordnung ist. […] Wenn der Sozialismus in der DDR nicht siegt, wenn der Kommunismus sich hier nicht als überlegen und lebensfähig erweist, dann haben wir nicht gesiegt."

Anastas Mikojan, stellvertretender sowjetischer Ministerpräsident, Juni 1961.

Nikita Chruschtschow und Walter Ulbricht auf dem V. SED-Parteitag in Ost-Berlin, Juli 1958.

Chruschtschow-Ultimatum und Berlin-Krise 1958 bis 1961

Der Sowjetunion gilt das freie West-Berlin als ein „Splitter", der aus dem Herzen des „sozialistischen Europas" entfernt werden muss.

Am 27. November 1958 stellt der sowjetische Partei- und Staatsführer Nikita Chruschtschow ein Ultimatum auf: Falls die Westmächte nicht innerhalb von sechs Monaten in Verhandlungen über einen Friedensvertrag und die Umwandlung West-Berlins in eine „Freie Stadt" träten, werde die Sowjetunion einen einseitigen Friedensvertrag mit der DDR abschließen. Sie werde darin alle sowjetischen Rechte und Verantwortungen gegenüber Berlin an die DDR-Regierung abtreten – insbesondere die Kontrolle der Verbindungswege zur Bundesrepublik zu Lande, auf dem Wasser und in der Luft.

Das Ultimatum läuft darauf hinaus, den Viermächtestatus der Stadt aufzukündigen, die Westmächte aus West-Berlin zu vertreiben – und die Fluchtbewegung zu unterbinden. Doch die Vereinigten Staaten, Großbritannien und Frankreich geben dem Druck nicht nach. Zur Enttäuschung der SED-Führung setzt Chruschtschow sein Ultimatum mehrfach aus. Der sowjetische Parteiführer scheint vor der angekündigten Konfrontation und ihren unwägbaren Folgen zurückzuschrecken, die das Risiko eines Atomkrieges mit den Vereinigten Staaten bergen.

Nikita Chruschtschow und John F. Kennedy in Wien, 3. Juni 1961.

Im Frühjahr 1961 verschlechtert sich die wirtschaftliche Lage der DDR rapide, die Versorgungsprobleme nehmen zu – und der Strom der Flüchtlinge wird stärker. Die DDR steht vor dem wirtschaftlichen und politischen Zusammenbruch. Ulbricht drängt auf einschneidende Maßnahmen, Chruschtschow jedoch mahnt immer noch zur Zurückhaltung. Entscheidungen sollen erst nach seinem Gipfeltreffen mit dem amerikanischen Präsidenten John F. Kennedy am 3. und 4. Juni 1961 in Wien getroffen werden.

Der sowjetisch-amerikanische Gipfel nimmt einen frostigen Verlauf. Chruschtschow wiederholt sein Ultimatum, setzt eine neue Frist bis zum Jahresende 1961. Kennedy weist das Ultimatum zurück, warnt vor einem bevorstehenden „kalten Winter". Sogar von Krieg ist die Rede.

Der amerikanische Präsident reagiert auf die Drohungen entschieden: Er kündigt eine massive Erhöhung der Rüstungsausgaben und die Entsendung von sechs weiteren US-Divisionen nach Europa an.

Dies und die akute Gefährdung der Existenz der DDR im Sommer 1961 veranlassen Chruschtschow, von seinen weitergehenden Zielen Abstand zu nehmen und stattdessen der Abriegelung der Sektorengrenze in Berlin zuzustimmen.

Siehe auch: www.chronik-der-mauer.de > Chronik > 1961 > Juni > 4

Nikita Chruschtschow zu Hans Kroll, Botschafter der Bundesrepublik in Moskau, November 1961 „Es gab nur zwei Arten von Gegenmaßnahmen: die Lufttransportsperre oder die Mauer. Die erstgenannte hätte uns in einen ernsten Konflikt mit den Vereinigten Staaten gebracht, der möglicherweise zum Krieg geführt hätte. Das konnte und wollte ich nicht riskieren. Also blieb nur die Mauer übrig. Ich möchte Ihnen auch nicht verhehlen, dass ich es gewesen bin, der letzten Endes den Befehl dazu gegeben hat."

SED-Parteichef Walter Ulbricht auf einer internationalen Pressekonferenz im großen Festsaal des Hauses der Ministerien in Ost-Berlin, 15. Juni 1961.

„Niemand hat die Absicht, eine Mauer zu errichten."

Walter Ulbricht auf einer internationalen Pressekonferenz in Ost-Berlin, 15. Juni 1961.

Internationale Pressekonferenz in Ost-Berlin, 15. Juni 1961

Annamarie Doherr (Journalistin, Frankfurter Rundschau) „Ich möchte eine Zusatzfrage stellen: Herr Vorsitzender! Bedeutet die Bildung einer Freien Stadt Ihrer Meinung nach, dass die Staatsgrenze am Brandenburger Tor errichtet wird? Und sind Sie entschlossen, dieser Tatsache mit allen Konsequenzen Rechnung zu tragen?"

Walter Ulbricht (Vorsitzender des DDR-Staatsrates) „Ich verstehe Ihre Frage so, dass es in Westdeutschland Menschen gibt, die wünschen, dass wir die Bauarbeiter der Hauptstadt der DDR dazu mobilisieren, eine Mauer aufzurichten. Mir ist nicht bekannt, dass eine solche Absicht besteht. Die Bauarbeiter unserer Hauptstadt beschäftigen sich hauptsächlich mit Wohnungsbau, und ihre Arbeitskraft wird dafür voll eingesetzt. Niemand hat die Absicht, eine Mauer zu errichten."

3
Der Bau der Mauer

Der Bau der Mauer

In der Nacht zum Sonntag, dem 13. August 1961, erteilt SED-Chef Walter Ulbricht den Befehl zur Abriegelung der Sektorengrenze.

Die Einsatzleitung obliegt Politbüro-Mitglied Erich Honecker. Die Bevölkerung, so hofft man, ist abgelenkt durch das Wochenende.

Mehr als 10.000 Volks- und Grenzpolizisten, unterstützt von einigen Tausend Kampfgruppen-Mitgliedern, reißen am frühen Morgen mitten in Berlin das Straßenpflaster auf, errichten aus Asphaltstücken und Pflastersteinen Barrikaden, rammen Betonpfähle ein und ziehen Stacheldrahtverhaue. Mit Ausnahme von 13 Kontrollpunkten riegeln sie alle Sektorenübergänge ab.

Der Durchgangsverkehr der S- und U-Bahnlinien wird dauerhaft unterbrochen, der Intersektorenverkehr auf je einen S- und U-Bahnsteig im Bahnhof Friedrichstraße reduziert, dreizehn U- und S-Bahnhöfe werden für Ost-Berliner geschlossen.

Im Hintergrund steht die Nationale Volksarmee mit mehr als 7.000 Soldaten und mehreren Hundert Panzern bereit, um Durchbrüche zu den Sektorengrenzen zu verhindern. Sowjetische Truppen bilden rund um Berlin eine dritte Sicherungsstaffel.

Fassungslos stehen sich die West-Berliner auf der einen, die Ost-Berliner und Bewohner des Umlandes auf der anderen Seite am Stacheldraht gegenüber. Auf der Ostseite halten Kampfgruppen und Volkspolizei die Umstehenden mit Maschinengewehren in Schach; wer protestiert, wird festgenommen. Auf der Westseite schirmt West-Berliner Polizei die Grenzanlagen vor den erregten Bürgern ab.

< Vorherige Seite: West-Berliner an der Mauer zwischen Kreuzberg und Berlin-Mitte, 2. August-Hälfte 1961.

Ost-Berliner am Stacheldraht, 13. August 1961.

Kampfgruppen der Arbeiterklasse riegeln das Brandenburger Tor ab, 14. August 1961.

Aufmarsch von NVA-Panzern sowjetischen Typs (T-34) an der Warschauer Brücke, 13. August 1961.

„Am 13. August habe ich Tränen gesehen bei Männern, die ich noch nie hatte weinen sehen. Der Schlag traf hart und furchtbar. Die Reaktion war nicht etwa die Weckung eines unmittelbaren Widerstandswillens, sondern regelrechte Depression."

Ost-Berliner Arzt, am 14. August 1961 geflohen.

Beschluss des DDR-Ministerrates, 12. August 1961 „Zur Unterbindung der feindlichen Tätigkeit der revanchistischen und militaristischen Kräfte Westdeutschlands und Westberlins wird eine solche Kontrolle an den Grenzen der DDR einschließlich der Grenze zu den Westsektoren von Groß-Berlin eingeführt, wie sie an den Grenzen jedes souveränen Staates üblich ist. Es ist an den Westberliner Grenzen eine verlässliche Bewachung und eine wirksame Kontrolle zu gewährleisten, um der Wühltätigkeit den Weg zu verlegen. Diese Grenzen dürfen von Bürgern der DDR nur noch mit besonderer Genehmigung passiert werden."

Kommuniqué des Senats von Berlin, 13. August 1961 „Der Senat von Berlin erhebt vor aller Welt Anklage gegen die widerrechtlichen und unmenschlichen Maßnahmen der Spalter Deutschlands, der Bedrücker Ost-Berlins und der Bedroher West-Berlins. Die Abriegelung der Zone und des Sowjetsektors von West-Berlin bedeutet, dass mitten durch Berlin die Sperrwand eines Konzentrationslagers gezogen wird. Senat und Bevölkerung von Berlin erwarten, dass die Westmächte energische Schritte bei der sowjetischen Regierung unternehmen werden."

Pierre Messmer, 1961 französischer Verteidigungsminister „Die Frage war sehr einfach: War es angebracht, dem Bau der Mauer mit Gewalt entgegenzutreten? Die Antwort war negativ. Ich glaube, dass es technisch möglich gewesen wäre. Aber ich bezweifle, dass man politisch eine solche Position hätte halten können."

Henry Kissinger, 1961 Berater des Nationalen Sicherheitsrates der USA „Das Problem war, dass es sehr leicht war, mit einem Atomkrieg zu drohen, solange man die Konsequenzen nicht bedachte. Und es war sehr schwierig, Ernstfallpläne aufzustellen, die ein rationales, vorhersehbares Ergebnis enthielten. Man konnte einen Plan für einen militärischen Vormarsch über die Autobahn entwerfen, aber man hätte sehr schnell die Grenzen seiner Möglichkeiten erreicht, und dann hätte man die Verantwortung für eine Eskalation tragen müssen."

15. August 1961: Conrad Schumann ist der erste DDR-Grenzpolizist, der in den Westen flüchtet. Mehr als 2.500 Grenzpolizisten und NVA-Soldaten desertieren zwischen Mauerbau und Mauerfall aus der DDR.

SECTEUR FRA

15. August 1961: Sprung in die Freiheit

Der 19-jährige Grenzpolizist Conrad Schumann ist gelernter Schäfer und stammt aus Zschochau in Sachsen. In den frühen Morgenstunden des 12. August 1961 wird seine Einheit von Dresden an die Berliner Sektorengrenze verlegt. Seine Dienstbezüge erhöhen sich um 30 Ost-Mark „Gefahrenzulage" auf insgesamt 370 Ost-Mark.

Am Nachmittag des 15. August 1961 flüchtet er als erster Grenzpolizist an der Bernauer / Ecke Ruppiner Straße mit einem beherzten Sprung über den Stacheldrahtverhau in den Westen. Das Foto geht um die Welt mit der Botschaft: Der DDR laufen die eigenen Truppen weg.

Ausschlaggebend für seine Flucht, erzählt er später, sei folgendes Erlebnis gewesen: „Als Grenzpolizist konnte ich beobachten, wie ein kleines Mädchen, das seine Großmutter im Ostteil Berlins besuchte, von den Grenzsoldaten zurückgehalten wurde und nicht mehr nach West-Berlin rüber durfte. Obwohl die Eltern nur ein paar Meter von den bereits aufgerollten Stacheldrahtsperren entfernt warteten, wurde das Mädchen einfach wieder nach Ost-Berlin zurückgeschickt." Conrad Schumann hielt sich selbst nie für einen Helden. 1998 nahm er sich wegen persönlicher Probleme das Leben.

Der Stacheldraht hält die Menschen nicht von Fluchtversuchen ab. In der Nacht vom 17. zum 18. August 1961 beginnen Bautrupps, den Stacheldraht durch eine Mauer aus Hohlblocksteinen zu ersetzen.

Lothar Wesner, 1961 Maurer „Wir wurden in die Friedrichstraße / Zimmerstraße gebracht und haben unter Aufsicht angefangen, dort zu mauern. Es war so verwirrend. Man hatte das Gefühl, jetzt hast du was dazu beigetragen, dass du deine Verwandten nicht sehen kannst. Und das war deprimierend und schmerzlich."

Willy Brandt, 16. August 1961 „Unsere Landsleute hinter dem Stacheldraht, hinter den Betonpfählen und hinter den Panzern, unsere Landsleute in der Zone, die heute bewacht werden von den Truppen der Roten Armee, damit sie nicht zeigen können, was sie wollen, unsere Landsleute, sie blicken heute in dieser Stunde hierher. Wir wissen, welcher Hass, welche Bitterkeit, welche Verzweiflung heute und in diesen Tagen in ihren Herzen wohnt. Wir wissen, dass nur die Panzer sie zurückhalten, ihrer Empörung freien Lauf zu lassen. […]"

„Ich habe heute dem Präsidenten der Vereinigten Staaten von Amerika, John Kennedy, in einem persönlichen Brief in aller Offenheit meine Meinung gesagt. Berlin erwartet mehr als Worte, Berlin erwartet politische Aktionen."

16. August 1961: Willy Brandt, Bürgermeister von West-Berlin, bei einer Protestkundgebung vor 200.000 West-Berlinern am Rathaus Schöneberg.

Brief von John F. Kennedy an Willy Brandt, 18. August 1961
„Da dieses brutale Schließen der Grenze ein deutliches Bekenntnis des Versagens und der politischen Schwäche darstellt, bedeutet dies offensichtlich eine grundlegende sowjetische Entscheidung, die nur durch Krieg rückgängig gemacht werden könnte. Weder Sie noch wir noch irgendeiner unserer Verbündeten haben jemals angenommen, dass wir an diesem Punkt einen Krieg beginnen müssten."

Brief von John F. Kennedy an Lyndon B. Johnson, 18. August 1961
„Sehr geehrter Herr Vizepräsident! Der Hauptzweck Ihrer Mission ist, die Bevölkerung von West-Berlin zu beruhigen und zugleich ein offenes Gespräch mit Bürgermeister Willy Brandt zu führen […], um zu versuchen, ihm klarzumachen, dass es in den kommenden Monaten sehr wichtig sein wird, vorschnelle Kritik am jeweils anderen zu vermeiden. Nochmals vielen Dank. Hochachtungsvoll John Kennedy."

Lyndon B. Johnson, 19. August 1961 „Ich bin zu Ihnen über den Ozean gekommen im Auftrag des Präsidenten der Vereinigten Staaten, John F. Kennedy. Der Präsident wünscht, ich wünsche, die Vereinigten Staaten wünschen Sie wissen zu lassen, dass die Zusage, die Freiheit West-Berlins und seiner Zugangswege zu verteidigen, fest und bindend ist […]. Zu der Bevölkerung Ost-Berlins sage ich: Verliert nicht den Mut und das Vertrauen. Tyranneien sehen anfänglich immer so aus, als seien sie für die Ewigkeit gemacht. Aber ihre Tage sind gezählt."

Lyndon B. Johnson über seinen Berlin-Besuch, 21. August 1961

„Niemand, der die Ankunft unserer Truppen und den Empfang sah, der ihnen bereitet wurde, kann diese Szene jemals vergessen […]. Der Anblick unserer schweren Waffen rief den größten Jubel überhaupt hervor […]. Zu diesem Zeitpunkt lässt sich unmöglich mit Sicherheit voraussagen, wie lange die gestärkte Moral West-Berlins noch bleibt. Aber zumindest sind wir jetzt in der Lage, den Gang der Ereignisse zu beeinflussen und zwar auf eine Weise, die für die kommunistische Expansion Schwierigkeiten mit sich bringt."

Stadtrundfahrt von sechs Kraftfahrzeugkonvois der US-Armee mit Truppenverstärkungen, rund 1.500 Mann, in West-Berlin, 20. August 1961.

24. August 1961: Günter Litfin – der erste erschossene Flüchtling

Das SED-Politbüro beschließt am 22. August 1961, Volkspolizei und Volks-armee zu instruieren, dass jeder, „der die Gesetze unserer DDR verletzt, auch wenn erforderlich durch Anwendung der Waffe zur Ordnung gerufen wird".

Nur zwei Tage später, am 24. August 1961, wird der erste Flüchtling erschossen: Günter Litfin. Der 24-jährige Ost-Berliner hat bis zum 13. August als Schneider in West-Berlin gearbeitet. Am Nachmittag des 24. August versucht er, unweit des Reichstages zu flüchten. Als er entdeckt wird, nimmt er den kürzesten Weg: Er springt am Humboldthafen in das Kanalgewässer und schwimmt mit kräftigen Zügen Richtung West-Berlin. Das rettende Ufer ist fast in Reichweite, als ein Grenzposten eine Salve aus seiner Maschinenpistole auf den wehr- und schutzlosen Schwimmer abfeuert.

Günter Litfin erleidet einen Kopfschuss und versinkt im Kanal. Am frühen Abend wird er tot aus dem Wasser gezogen.

Siehe auch: www.chronik-der-mauer.de/opfer/guenter-litfin

Am 23. August 1961 wird die Zahl der Sektorenübergänge auf sieben reduziert. West-Berliner benötigen von diesem Tag an für den Besuch Ost-Berlins einen Passierschein, den es jedoch ab dem 25. August nicht mehr gibt: Die Passierschein-Ausgabestellen der DDR auf den West-berliner S-Bahnhöfen Zoo und Westkreuz werden auf westalliierte Anordnung im Einvernehmen mit dem Senat geschlossen – aus status-rechtlichen Gründen. Bis zum ersten Passierscheinabkommen von 1963 bedeutet dies für West-Berliner das Ende der Besuchsmöglichkeiten von Ost-Berlin.

Links und oben: Abschied auf unbestimmte Zeit, September 1961.

„Im gesamten Bereich der Staats-grenze […] ist jegliche Verbindungs-aufnahme, Winken, Gruß- oder Briefaustausch sowie die Übergabe von Geschenken usw. […] zu unterbinden."

Befehl des Ost-Berliner Polizeipräsidenten, 28. August 1961.

55

8. September 1961: Eine Ost-West-Hochzeit

Eine Ost-West-Hochzeit drei Wochen nach dem Mauerbau. Das Haus in der Bernauer Straße gehört zum Ostteil, der Bürgersteig zum Westteil Berlins. Die Haustür ist von innen zugemauert, die Hochparterre-Wohnung bereits geräumt. Die Mutter von Monika Schaar, Familienangehörige und Nachbarn lassen ihre Hochzeits-Sträuße an Seilen herab.

„Wir standen erst am Fenster meiner Mutti, dann sind wir nach Hause gefahren zu meinen Schwiegereltern. Wir haben natürlich oft an meine Mutti gedacht, aber wir konnten nichts ändern."

Monika Schaar, Braut, 1961.

Monika Schaars Mutter (links), mit leeren Händen zurückbleibend.

Abschied von der Mutter: Monika Schaar und ihr Bräutigam.

Bernauer Straße 25: Flucht der 77-jährigen Frieda Schulze aus dem 1. Stock,
24. September 1961.

20. September 1961: Zwangsräumung der Grenzhäuser

In den Straßen Ost-Berlins und des Berliner Umlandes, in denen die
Sektorengrenze entlang der Hausgrundstücke verläuft, nutzen zahlreiche
Menschen die Gelegenheit, aus ihren Wohnungen zu springen oder sich
abzuseilen, um in den Westen zu gelangen.

Am 20. September wird deshalb die Zwangsräumung aller Wohnungen,
die gute Fluchtmöglichkeiten bieten, und die Deportation ihrer Bewohner
befohlen. In der Bernauer Straße können sich noch einige Bewohner mit
einem Sprung aus dem Fenster ihrer Wohnungen auf West-Berliner
Gebiet retten. Die 77 Jahre alte Frieda Schulze wird von Mitgliedern der
Betriebskampfgruppen festgehalten. Doch West-Berliner klettern das
Sims ihres Hauses hinauf und befreien sie, sodass sie sich in ein Sprung-
tuch der West-Berliner Feuerwehr fallen lassen kann.

Für die 80-jährige Olga Segler aus der Bernauer Straße 34 endet der Sprung
tödlich. Sie erliegt am folgenden Tag den inneren Verletzungen, die sie
sich beim Sprung zugezogen hat. Nach der Räumung werden die Fenster
zugemauert und die Dächer mit Stacheldrahtsperren versehen.

Mann hinter Stacheldraht, Bernauer Straße, 4. September 1961.

Amerikanische Panzer fahren am Checkpoint Charlie auf, 25. / 26. Oktober 1961.

27. und 28. Oktober 1961: Panzerkonfrontation am Checkpoint Charlie

US-Panzer mit Räumschaufeln fahren am 25. Oktober 1961 am Checkpoint Charlie auf. General Lucius Clay, Sonderbeauftragter von US-Präsident Kennedy in Berlin, demonstriert damit, dass sich die Amerikaner das Recht auf unkontrollierte Fahrten in ganz Berlin nicht nehmen lassen. Die Eskalation geht auf eine Anordnung des DDR-Innenministeriums vom 23. Oktober zurück. Danach sollen sich US-Militärs in Zivil bei der Einfahrt nach Ost-Berlin gegenüber dem ostdeutschen Kontrollpersonal fortan ausweisen – was die US-Militärs als Angriff auf ihre alliierten Rechte betrachten.

Am 27. Oktober nimmt die Sowjetunion die Herausforderung an und stellt am Checkpoint Charlie ebenfalls Panzer auf. 16 Stunden lang stehen sich amerikanische und sowjetische Panzer in der Friedrichstraße gegenüber.

Panzerkonfrontat on am Checkpoint Charlie, 27. Oktober 1961: Amerikanische und sowjetische Panzer stehen sich drohend gegenüber.

General Clay telefoniert am Abend mit US-Präsident Kennedy – der KGB hört mit; umgekehrt belauschen die amerikanischen Dienste den Funkverkehr der Sowjets. Am 28. Oktober ziehen sich die Panzer auf beiden Seiten zurück; die Sowjets machen den ersten Schritt.

General Clay kann sich als Sieger fühlen: Die Präsenz sowjetischer Panzer unterstreicht die Zuständigkeit und Verantwortung der Sowjetunion für ganz Berlin und dementiert die Souveränität der DDR. SED-Chef Walter Ulbricht aber erreicht sein Ziel ebenfalls: Die US-Streitkräfte und Angehörigen der US-Mission in Berlin müssen am nächsten Tag auf Anweisung Washingtons die Testfahrten von Militärpersonen in Zivil nach Ost-Berlin einstellen.

Siehe auch: www.chronik-der-mauer.de > Chronik > 1961 > Oktober

Verstärkung der Sperranlagen am Brandenburger Tor mit Lochplatten aus dem Straßenbau (Mauer der 2. Generation).

19. bis 21. November 1961: Panzermauer am Brandenburger Tor

Am Brandenburger Tor errichten Bauarbeiter und Grenzpolizisten innerhalb von drei Tagen eine halbrunde, zwei Meter starke und etwa zwei Meter hohe, panzersichere Mauer. In der Bernauer Straße und vom Potsdamer Platz bis zur Lindenstraße wird die schon bestehende Mauer durch das Anlegen von Panzersperren aus miteinander verschweißten T-Trägern und alten Schienen verstärkt. Die Absperrungen sollen das Ost-Berliner Regierungsviertel vor einem Panzerdurchbruch der westlichen Alliierten schützen.

Am Tag nach der Zugflucht wird die Gleisverbindung nach West-Berlin zerstört.

5. Dezember 1961: „Letzter Zug in die Freiheit"

Lokführer Harry Deterling und seine Frau Ingrid möchten mit ihren vier Kindern nicht eingesperrt in der DDR leben. Anfang Dezember 1961 sickert unter den Bahnbeschäftigten durch, dass eine noch befahrbare Gleisverbindung nach West-Berlin bald unterbrochen werden soll. Harry Deterling fasst den Plan, unverzüglich mit einem Dampfzug über dieses Gleis nach West-Berlin zu fliehen. Verwandten und Freunden teilt er am 5. Dezember 1961 den Abfahrtstermin mit: „Heute um 19.33 Uhr fährt der letzte Zug in die Freiheit."

Gegen 20.50 Uhr passiert der von Harry Deterling gesteuerte Zug den ostdeutschen Endbahnhof Albrechtshof, fährt über die Grenze und hält auf West-Berliner Gebiet. Zu ihrer Sicherheit sind Lokführer Deterling und sein Heizer Hartmut Lichy beim Überqueren der Grenze in den Kohlentender geklettert; die in die Flucht eingeweihten Reisenden haben sich auf den Boden geworfen – doch es fällt kein Schuss. 25 Passagiere bleiben im Westen, sieben Fahrgäste kehren freiwillig nach Ost-Berlin zurück. Der Zug wird von einer Lok in den Osten zurückgezogen. Schon am nächsten Tag wird die Eisenbahnstrecke unterbrochen. Schienen werden herausgerissen und Sperren errichtet. Nie wieder gelingt es einem Zug, die Sperranlagen zu durchbrechen.

Resignation

Tausende Menschen werden bis Ende des Jahres 1961 wegen kritischer Äußerungen und Proteste gegen den Mauerbau verhaftet. Die DDR-Gefängnisse sind so voll, dass selbst Stasi-Minister Erich Mielke Mitte Dezember 1961 klagt: „Es ist nicht möglich, die gegenwärtig hohe Zahl von Festnahmen noch länger beizubehalten." Doch offener Protest wird seltener, Schweigen die Regel. Resignation breitet sich aus.

„Wir waren der Meinung, die Mauer darf nicht sein, das vertieft die Spaltung Deutschlands noch mehr. Und ich habe gesagt, wenn das passiert, dann gibt es nie wieder ein einheitliches Deutschland. Die paar Worte haben mich ein halbes Jahr Gefängnis gekostet. Und ich wurde behandelt wie ein Schwerstverbrecher."

Helmut Laetsch, 1961 Tischler im VEB Holzindustrie Hennigsdorf.

Zwangsgeräumt und zugemauert: Häuser in der Bernauer Straße.

4
Flucht / Fluchthilfe /
Widerstand

Flucht / Fluchthilfe / Widerstand

Zwischen Mauerbau und Mauerfall gelingt mindestens 5.075 DDR-Bürgerinnen und -Bürgern auf zum Teil abenteuerlichen Wegen und unter Lebensgefahr die Flucht durch die Sperranlagen nach West-Berlin. Viele Flüchtlinge werden verletzt, manche schwer. Mehr als 130 Menschen werden allein in Berlin von Grenzsoldaten erschossen oder verunglücken tödlich.

Solange Absperr- und Kontrollsystem noch provisorisch sind, gelingt es immer wieder Einzelnen, Schlupflöcher im Stacheldraht zu finden. Doch mit dem Ausbau der Sperranlagen werden Fluchten schwieriger.

In West-Berlin bilden sich nach der Grenzschließung zahlreiche Fluchthelfergruppen. Häufig sind es ehemalige Flüchtlinge, die ihre Familienangehörigen, Freunde und Bekannten in den Westen nachholen wollen. Anfangs stammen die meisten Fluchthelfer aus dem Umfeld der West-Berliner Universitäten. Für Kommilitonen, die durch den Mauerbau von ihren Studienplätzen im Westen abgeschnitten sind, suchen sie undichte Stellen in den Sperranlagen und Wege durch die unterirdische Kanalisation, spüren Lücken im Kontrollsystem der Grenzübergänge auf, fälschen Pässe, bauen Verstecke in Fahrzeugen und graben Tunnel unter der Sektorengrenze.

Der Ausbau der Sperranlagen und des Kontrollsystems an den Übergängen erzwingt die ständige Entwicklung neuer Fluchtwege. Und mit dem Aufwand steigen die Kosten. Schon 1962 / 63 werden Fluchtwilligen nicht selten zwischen drei- und fünftausend D-Mark in Rechnung gestellt.

Gerade weil die große Politik hilflos und ohnmächtig auf den Mauerbau reagiert, finden Fluchthilfeaktionen in der Bevölkerung begeisterte Zustimmung. Politiker, aber auch Geheimdienste und Polizei, unterstützen sie zunächst. Doch mit Beginn der Entspannungspolitik setzt ein Wandel ein: Die Politik geht auf Distanz und betrachtet Fluchthilfe zunehmend als Störfaktor für das Verhandlungsklima zwischen Ost und West.

< Vorherige Seite: Flucht einer jungen Frau über das Gelände einer Laubenkolonie von Pankow nach Reinickendorf, 25. September 1961.

Hunderte fliehen durch die unterirdische Kanalisation – bis der Einbau von Absperrgittern und die Bewachung der Kanäle neue Wege erzwingen.

Mit gefälschten Pässen und Führerscheinen von West-Berlinern sowie Diplomatenpässen mit erfundener Herkunft lassen sich die DDR-Grenzkontrolleure eine Zeit lang überlisten. Doch dann fliegen die Tricks auf – nicht selten von Stasi-Spitzeln im Westen verraten.

Gelungene Fluchten aus der DDR und Ost-Berlin
durch die Grenz-Sperranlagen 1961 bis 1989

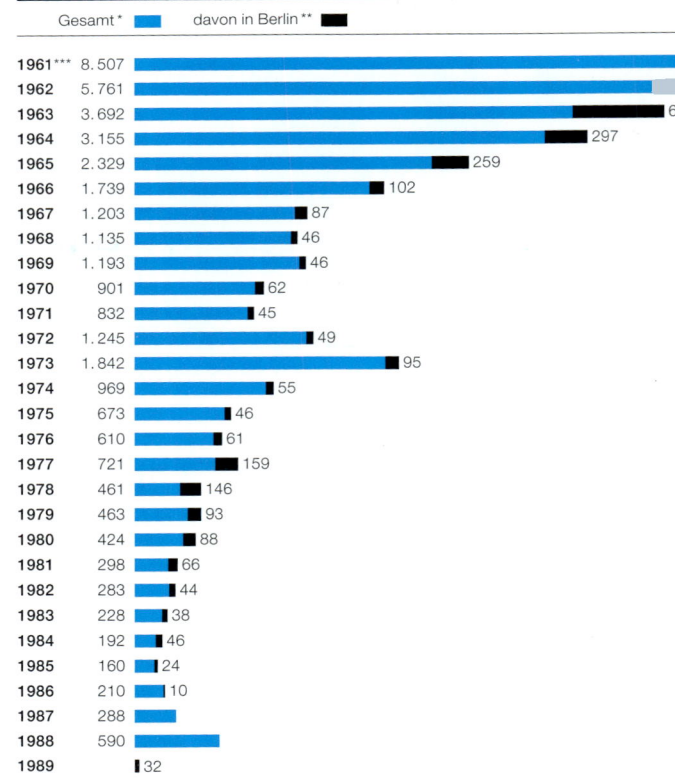

Gesamt *   ▮   davon in Berlin **   ▮

1961*	8.507	
1962	5.761	
1963	3.692	64
1964	3.155	297
1965	2.329	259
1966	1.739	102
1967	1.203	87
1968	1.135	46
1969	1.193	46
1970	901	62
1971	832	45
1972	1.245	49
1973	1.842	95
1974	969	55
1975	673	46
1976	610	61
1977	721	159
1978	461	146
1979	463	93
1980	424	88
1981	298	66
1982	283	44
1983	228	38
1984	192	46
1985	160	24
1986	210	10
1987	288	
1988	590	
1989		32

*   für 1989 keine Angaben

**   Einschließlich DDR-Fahnenflüchtige; für 1987 und 1988 keine Angaben;
     Jahresangaben jeweils zum 13. August

*** August bis Dezember 1961

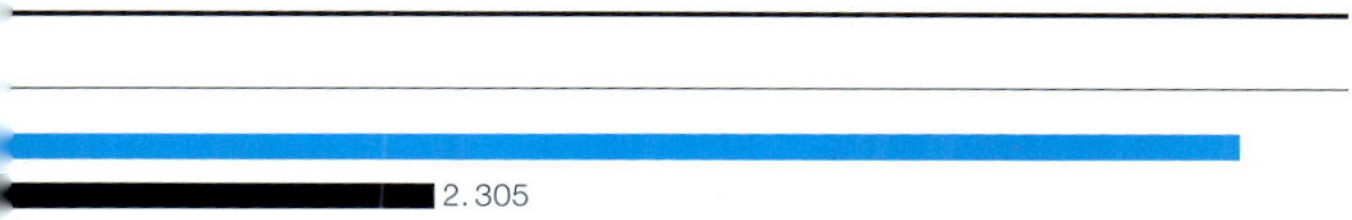

2. 305

Gelungene Fluchten in Berlin: mindestens 5.075

Gescheiterte Fluchten: unbekannt

9. Dezember 1961: Der Tod des Fluchthelfers Dieter Wohlfahrt

Der 20-jährige Österreicher Dieter Wohlfahrt ist Student an der Technischen Universität in West-Berlin. Nach dem 13. August 1961 verhilft er zahlreichen Menschen zur Flucht durch die Kanalisation, bis dieser unterirdische Weg durch Gitter versperrt wird.

Am 9. Dezember 1961 durchschneidet Dieter Wohlfahrt mit Freunden an der Grenze zu Staaken zwei Stacheldrahtzäune, um der Mutter einer Bekannten die Flucht zu ermöglichen. Doch das Vorhaben ist verraten worden; Grenzpolizisten lauern den Fluchthelfern auf und eröffnen das Feuer. Eine Kugel trifft Dieter Wohlfahrt in die Brust. Fast eine Stunde lang lassen die Grenzpolizisten den Schwerverletzten im Grenzstreifen liegen, ohne Hilfe zu leisten. West-Berliner Polizisten und die alarmierte britische Militärpolizei wagen sich nicht in den Todesstreifen hinein und müssen untätig zuschauen, wie Dieter Wohlfahrt verblutet. Von DDR-Seite wird behauptet – und von seinen Freunden dementiert –, dass Dieter Wohlfahrt bewaffnet gewesen sei und Grenzpolizisten beschossen habe.

Dieter Wohlfahrt, so hieß es damals im „Spiegel", „war Opfer der bitteren Erkenntnis geworden, dass nach Abdichtung aller übrigen Fluchtlöcher nur noch der gewaltsame Durchbruch durch Mauer oder Stacheldraht bleibt. Er zahlte den Preis, mit dem jeder rechnen muss, der sich dieser Methode künftig bedienen will: Wen die MP-Garbe im Stacheldrahtnetz erfasst, dem kann vom Westen aus nicht mehr geholfen werden. Er verblutet, wie Dieter Wohlfahrt, als Illegaler in der Toten Zone zwischen Ost und West."

Tunnelfluchten

Tunnelbauten gehören zu den aufwändigsten und mühevollsten Fluchtwegen. Bis heute sind etwa 70 Tunnelgrabungen bekannt. Der erste erfolgreiche Tunnel wird im September 1961 gebaut, der letzte vergebliche Versuch 1982 unternommen. Die meisten Tunnel werden von westlichen Fluchthelfern ausgehoben, die ihre Angehörigen, Freunde und Bekannten zu sich holen wollen, doch auch Ostdeutsche graben sich selbst den Weg in den Westen. Mehreren hundert Menschen gelingt die unterirdische Flucht – doch annähernd ebenso viele Fluchtwillige und Fluchthelfer werden verhaftet und in der Regel zu langjährigen Gefängnisstrafen verurteilt, weil der Fluchtweg verraten oder entdeckt wurde.

Auch die Tunnelfluchten kosten Menschenleben: Zwei westliche Fluchthelfer – Heinz Jercha und Siegfried Noffke – werden bei Tunnelfluchten von DDR-Grenzwächtern tödlich verletzt; ebenso zwei Grenzsoldaten: Reinhold Huhn wird von einem West-Berliner Fluchthelfer, Egon Schultz versehentlich von einem Kameraden getötet.

Mehrere hundert Menschen flüchten durch Tunnel nach West-Berlin.

Sechzehn Tage lang von 6.00 Uhr bis 20.00 Uhr gegraben und 3.000 Eimer Erde aus drei Metern Tiefe hervorgezogen: Fünf der zwölf Seniorentunnel-Flüchtlinge bei einem Bummel auf dem West-Berliner Kurfürstendamm, 18. Mai 1962.

5. Mai 1962: Der „Seniorentunnel"

„Nicht einmal begraben möchte ich drüben sein", sagt der 81-jährige Anführer einer zwölfköpfigen Gruppe nach der erfolgreichen Flucht durch einen Tunnel nach West-Berlin. 16 Tage lang hatte die Gruppe – die meisten im Seniorenalter – an dem 32 Meter langen und 1,75 Meter hohen Stollen gegraben, der in einem engen Hühnerstall in der Oranienburger Chaussee in Glienicke beginnt und nach Frohnau in West-Berlin führt. Auf die ungewöhnliche Höhe des Tunnels angesprochen, erklärt einer der Beteiligten: „Wir wollten mit unseren Frauen bequem und ungebeugt in die Freiheit gehen."

„Wir wollten mit unseren Frauen bequem und ungebeugt in die Freiheit gehen."

13. September 1962 : Abgebrochen – verraten – entdeckt

Die meisten Tunnelprojekte werden abgebrochen, verraten oder entdeckt:
DDR-Grenzsoldaten legen am 13. September 1962 in Treptow einen Tunnel
frei, der von der Heidelberger Straße im West-Berliner Bezirk Neukölln
gegraben wurde.

Siehe auch: www.chronik-der-mauer.de > Chronik > 1962

Der Tunnel 29 – ein logistisches Meisterstück. Mitorganisator Hasso Herschel verhilft auch seiner eigenen Schwester über diesen Weg zur Flucht in den Westen.

14. September 1962: Tunnel 29

Am 14. und 15. September 1962 fliehen insgesamt 29 DDR-Bürger durch einen 120 Meter langen Tunnel, den rund 30 Helfer von der Bernauer Straße 78/79 (West-Berlin) in die Schönholzer Straße 7 (Ost-Berlin) gegraben haben. Zur Finanzierung des Tunnels verkaufen zwei seiner Initiatoren, die italienischen Studenten Domenico Sesta und Luigi Spina, die Filmrechte an den Tunnelgrabungen und der Ankunft der Flüchtlinge im Westen an den amerikanischen Fernsehsender NBC. Fluchthilfe als lohnendes Geschäft? Ein Teil der Tunnel-Ausheber distanziert sich davon.

Links und oben: Transport nach oben aus zwölf Metern Tiefe: 57 Flüchtlingen gelingt am 3. und 4. Oktober 1964 die Flucht durch den 145 Meter langen Tunnel.

Oktober 1964: Tunnel 57

57 Flüchtlingen gelingt am 3. und 4. Oktober 1964 die Flucht durch einen 145 Meter langen Tunnel. Doch schon in der Nacht des zweiten Flucht-tages ist der Tunnel verraten. Als bei der Fortsetzung der Fluchtaktion am 5. Oktober 1964 der DDR-Grenzsoldat Egon Schultz erschossen wird, verlieren die Fluchthelfer an Sympathie in der Öffentlichkeit – zu Unrecht, wie wir heute wissen. Die DDR schlachtete den „Mord" propagandistisch aus – und unterschlug, dass nicht ein Fluchthelfer, sondern ein Grenzsoldat die tödlichen Kugeln auf Egon Schultz abfeuerte.

Sprengstoffanschläge auf die Mauer

In der ersten Stunde des 26. Mai 1962 reißen Detonationen an der Bernauer / Ecke Schwedter Straße ein großes Loch in die Mauer. Um die Grenzpolizisten abzulenken und Personenschaden zu vermeiden, war kurz zuvor ein kleiner Sprengsatz gezündet worden. Erwartungsgemäß waren alle verfügbaren DDR-Einsatzkräfte an diese rund 300 Meter entfernte Stelle geeilt. „Täter konnten nicht festgestellt werden", heißt es in den Meldungen der West-Berliner Polizei. Anfang 1992 enthüllt der West-Berliner Polizeibeamte Achim Lazai, dass zwei Polizisten die Mauer in die Luft jagten – in Zusammenarbeit mit Fluchthelfern und mit Wissen von Senatsstellen, der Polizeiführung und des französischen militärischen Sicherheitsdienstes.

Der Sprengstoffanschlag in der Bernauer Straße findet zahlreiche Nachahmer: 25 Sprengversuche werden allein bis Juni 1963 im Westen registriert. Der Erfolg wird geringer, und bald ist ein Todesopfer zu beklagen: Der 22-jährige Jurastudent Hans-Jürgen Bischoff kommt ums Leben, als er am 10. März 1963 in seiner Wohnung im West-Berliner Bezirk Wilmersdorf mit Sprengstoff hantiert und versehentlich eine Explosion auslöst.

Offizielle West-Berliner Stellen entziehen Sprengstoffanschlägen spätestens im Zuge der Gespräche mit der DDR-Seite über Besuchsmöglichkeiten 1963 die Unterstützung. Die Täter werden strafrechtlich verfolgt und zu Gefängnisstrafen verurteilt.

Hans-Joachim Lazai, 1962 Polizeioberwachtmeister, zu seinem Sprengstoffanschlag vom 26. Mai 1962 „Je massiver die Mauer und je unmenschlicher die Lage dort wurde, desto stärker wurde in mir der Drang, dagegen eine nicht zu übersehende Demonstration zu unternehmen. Der Gedanke entstand, die Mauer zu sprengen und somit ein für die ganze Welt sichtbares Zeichen zu setzen. Dieses Fanal sollte nicht nur im Westen für Aufsehen sorgen, sondern gleichzeitig den Menschen im Osten ein Zeichen der Hoffnung – Ihr seid nicht vergessen! – geben!"

16. Dezember 1962: Sprengstoffanschlag in Berlin-Kreuzberg, Zimmer- / Ecke Jerusalemer Straße. Der Osten sichert den Tatort mit einer Maschinenpistole (oben), der Westen mit einem Fotoapparat (unten).

Flucht durch die Sperranlagen

Peter Fechter: hilflos im Todesstreifen verblutend, 17. August 1962.

Helmut K., Mitflüchtling von Peter Fechter, der West-Berlin unverletzt erreicht, 1962 „Ich hatte den Eindruck, als die Schüsse fielen, dass Peter Fechter einen Schock bekommen hat. Ich rief ihm noch laut zu: ‚Nun los, nun los, nun mach doch!' Er rührte sich aber nicht."

Ein Grenzpolizist trägt den sterbenden Peter Fechter aus dem Todesstreifen, 17. August 1962.

17. August 1962: Das qualvolle Sterben des Peter Fechter

Der 18-jährige Bauarbeiter Peter Fechter wird am 17. August 1962 bei einem Fluchtversuch an der Mauer angeschossen und verblutet im Grenzstreifen, da ihm weder von östlicher noch von westlicher Seite Hilfe geleistet wird. Während der Nacht und in den folgenden Tagen kommt es zu Protestkundgebungen und Krawallen empörter West-Berliner gegen die Mauer und gegen die Untätigkeit der amerikanischen Schutzmacht.

Der amerikanische Stadtkommandant, Generalmajor Albert E. Watson, bezeichnet den Vorgang am Tag darauf als „einen Akt barbarischer Unmenschlichkeit". Ab dem 21. August 1962 wird am Checkpoint Charlie ein Ambulanzwagen der Alliierten stationiert.

Siehe auch: www.chronik-der-mauer.de/opfer/peter-fechter

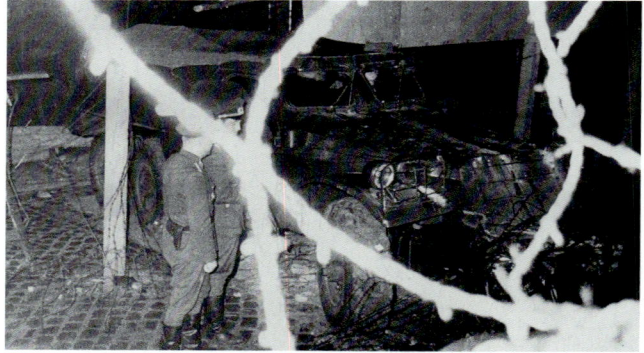

„‚Nicht schießen!' Er schoss aber trotzdem." – Der gestohlene Schützenpanzer, 17. April 1963.

17. April 1963: Flucht mit einem gestohlenen Schützenpanzer

Der 19-jährige Wolfgang Engels ist gelernter Autoschlosser und Zivilange-stellter der Nationalen Volksarmee. Am 17. April 1963 versucht er, mit einem gestohlenen sowjetischen Schützenpanzerwagen die Berliner Grenze zwischen Treptow und Neukölln zu durchbrechen, bleibt jedoch in der Mauer stecken. Beim Ausstieg aus dem Schützenpanzer verheddert er sich zunächst im Stacheldraht, ein Grenzsoldat nimmt ihn unter Beschuss. Wolfgang Engels wird von mehreren Kugeln getroffen. Unter Feuerschutz eines West-Berliner Polizisten gelingt es ihm mit letzter Kraft, von der Motorhaube aus über die Mauer zu klettern. Schwer verletzt wird Wolfgang Engels auf der West-Berliner Seite geborgen.

Wolfgang Engels, 2001 „Der Panzer blieb in dem Loch in der Mauer stecken. Ich bin ausgestiegen und landete direkt in dem Stacheldraht, den ich mit dem Panzer zusammengezogen hatte. Und in dem Moment kommt ein Grenzsoldat. Ich habe gerufen: „Nicht schießen!" Er schoss aber trotzdem – aus etwa fünf Meter Entfernung. Der Schuss ging in den Rücken rein und kam vorne raus."

Ein Meter fehlt bis zur Freiheit: Die Busflucht scheitert kurz vor dem letzten Schlagbaum.

12. Mai 1963: Bus-Flucht scheitert im Kugelhagel

Acht Ost-Berliner im Alter zwischen 20 und 28 Jahren versuchen am Mittag des 12. Mai 1963 mit einem gestohlenen Linien-Bus die Beton-sperren des Grenzübergangs Invalidenstraße zu durchbrechen. Von allen Seiten eröffnen Grenzsoldaten das Feuer auf die Flüchtenden. 138 Schüsse zerreißen die sonntägliche Stille. Zerschossen und manövrier-unfähig schleudert der Bus in die Panzermauer – nur ein Meter trennt ihn vom Westen.

Der Fahrer des Busses, Gerd Keil, sowie die Passagiere Gerhard Becker und Manfred Massenthe werden schwer verletzt. Als sie wieder genesen sind, nimmt die DDR-Justiz Rache: Sie erhalten Zuchthausstrafen in Höhe von zehn bzw. neun Jahren. Der fehlende Meter kommt auch die anderen Flüchtlinge teuer zu stehen. Sie werden zu Gefängnisstrafen zwischen drei und siebeneinhalb Jahren verurteilt.

Januar 1965: Flucht in der Kabelrolle

Versteckt in hölzernen Kabelrollen der Berliner Elektrizitätswerke, die von Spediteuren über die Transitstrecke in die Bundesrepublik transportiert werden, gelingt im Januar 1965 sechs Menschen die Flucht.

Durch eine Stahlplatte mit kleinen Sehlöchern den lebensgefährlichen Weg über den Todesstreifen gemeistert – der Baum steht bereits auf West-Berliner Gebiet.

11. September 1966: Flucht mit einer Planierraupe

Mit einer 18 Tonnen schweren Planierraupe – ursprünglich zur Unkrautentfernung auf dem Todesstreifen eingesetzt – durchbrechen zwei Ehepaare zusammen mit einem dreijährigen Kind die Grenze in Staaken.

Das Führerhaus der Raupe und die Einspritzpumpe sind mit Stahlplatten gepanzert. Die Baumaschine zerstört einen Alarmzaun und walzt mehrere Drahtzäune nieder. Grenzsoldaten feuern 60 Kugeln auf die Raupe ab – zwei der Erwachsenen erleiden leichte Streifschüsse. Es ist schließlich ein Baum, der das Fahrzeug stoppt – zur Freude der Flüchtlinge steht er auf West-Berliner Gebiet.

Angelika B., 2004 „Die Kontrolleure haben den LKW von hinten aus der Schlange geholt. Das beweist, dass die Flucht verraten war und sie auf uns gewartet haben. Sie standen dann dort mit Scheinwerfern und haben uns fotografiert."

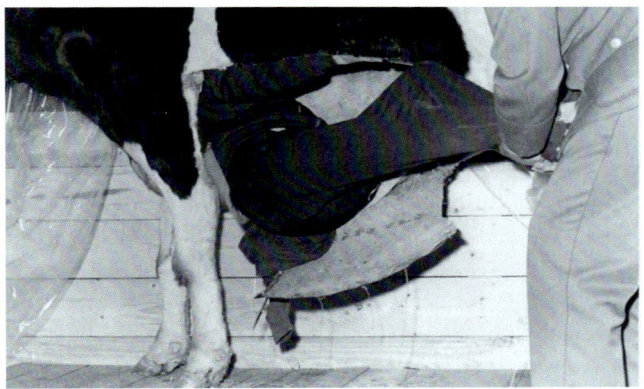

7. Juli 1969 : Die trojanische Kuh

Zweimal schon hat eine „trojanische Kuh" Fluchtwillige in den Westen getragen. Doch beim dritten Versuch fliegt der Trick mit dem Ausstellungsobjekt auf. Am Abend des 7. Juli 1969 transportieren zwei Fluchthelfer den präparierten Bullen mit einem Klein-Lastwagen über die Transitautobahn nach West-Berlin. Unterwegs steigt die 18-jährige Angelika B. aus Karl-Marx-Stadt (Chemnitz) zu, die mit ihrem West-Berliner Verlobten im Westen zusammenleben will. Sie verbirgt sich in dem hohlen Tierkörper, der in einer Holzkiste steht. Für die Flucht hat der Verlobte 5.000 D-Mark angezahlt; gelingt das Vorhaben, ist der gleiche Betrag noch einmal fällig.

Doch am Grenzübergang Drewitz wird das Versteck entdeckt, das Trio festgenommen und in die Potsdamer Stasi-Untersuchungshaftanstalt in der Lindenstraße verbracht. Die Fluchthelfer werden am 15. Oktober 1969 vom Bezirksgericht Potsdam wegen „staatsfeindlichen Menschenhandels" zu mehr als drei Jahren Gefängnis verurteilt, Angelika B. erhält wegen versuchten „ungesetzlichen Grenzübertritts" eine Haftstrafe von zwei Jahren und zehn Monaten. Nach vier Monaten wird sie von der Bundesrepublik freigekauft.

5
Konfrontation
und Entspannung

Konfrontation und Entspannung

Die Mauer grenzt die Einflussbereiche der Weltmächte in Europa ab. Eine weitere Eskalation – wie die Sperrung der Verbindungswege nach Berlin – bleibt aus. Das entstehende nukleare Gleichgewicht zwischen der Sowjetunion und den USA schränkt die Handlungs- und Risikobereitschaft beider Seiten ein. Mit dem Bau der Mauer und der Unterbindung des Flüchtlingsstroms ist für die Sowjetunion der Konfliktherd Berlin eingedämmt und die Existenz der DDR machtpolitisch gesichert. Sehr zur Enttäuschung Ulbrichts verzichtet Chruschtschow auf seine Maximalziele. Der Hauptschauplatz des Kalten Krieges verlagert sich in den 1960er-Jahren nach Asien, Afrika und Lateinamerika. Wegen ideologischer und militärischer Spannungen mit der Volksrepublik China bemüht sich die Sowjetunion, die europäische Front zu beruhigen und dem Westen eine Anerkennung des Status quo abzuringen. In der DDR ist die Mehrheit der Bevölkerung gezwungen, sich auf absehbare Zeit mit der Einmauerung und einem Leben unter der Diktatur abzufinden. Wer hofft, es werde nun eine Phase des „sozialistischen Aufbaus" und der „Normalisierung" beginnen und die Mauer verschwinden, sobald die DDR stabilisiert sei, wird enttäuscht. Denn an die Gestaltung eines politischen Systems, das die Mauer überflüssig machen würde, verschwendet die SED-Führung keinen Gedanken. Die Mauer ist – und bleibt bis 1989 – eine Existenzbedingung der DDR.

In der Bundesrepublik und in West-Berlin wird der Mauerbau zur „Stunde der großen Desillusion". Er zerstört alle Hoffnungen auf einen baldigen Sturz des SED-Regimes. Mit den Passierscheinverhandlungen zwischen West-Berliner Senat und DDR-Regierung und dem Freikauf politischer Gefangener seit 1963 beginnt eine Politik der „menschlichen Erleichterungen" und „kleinen Schritte". Sie akzeptiert DDR-Vertreter als Verhandlungspartner und setzt nicht länger auf eine Destabilisierung der DDR. Neues Leitmotiv der Ostpolitik unter Bundeskanzler Willy Brandt wird,

---

< Vorherige Seite: Mauer in Berlin-Mitte, Wilhelmstraße, Ende 1961.

die „Teilung anzuerkennen, um ihre Folgen für die Menschen zu mildern".
Der Alleinvertretungsanspruch der Bundesrepublik für ganz Deutschland
wird allmählich fallen gelassen. 1972 erkennt die Bundesrepublik die
DDR mit dem deutsch-deutschen Grundlagenvertrag faktisch als unabhängigen Staat an und akzeptiert die Unverletzlichkeit ihrer Staatsgrenze.
In politischen Grundsatzfragen bleiben unterschiedliche Auffassungen
zwischen beiden deutschen Staaten bestehen: Ost-Berlin verkündet
1967 per Gesetz eine eigene DDR-Staatsbürgerschaft und entfernt 1974
alle Hinweise auf eine gemeinsame deutsche Nation aus der DDR-
Verfassung. Bonn dagegen hält an einer gemeinsamen Staatsbürger-
schaft aller Deutschen fest und bleibt dem Ziel der Wiedervereinigung
verpflichtet. Die deutsche Einheit jedoch rückt in weite Ferne.

„All free men, wherever they may live, are citizens of Berlin, and, therefore, as a free man, I take pride in the words: Ich bin ein Berliner."

Rede von US-Präsident John F. Kennedy am Rathaus Schöneberg in West-Berlin,
26. Juni 1963.

Speech-Card von John F. Kennedy, 26. Juni 1963.

John F. Kennedy (Mitte) mit Konrad Adenauer (rechts) und Willy Brandt (zweiter von rechts) auf der Westseite des Grenzübergangs Friedrichstraße (Checkpoint Charlie), 26. Juni 1963. Fünf Monate später, am 22. November 1963, wird John F. Kennedy in Dallas / USA ermordet.

Nikita Chruschtschow (Mitte) mit Walter Ulbricht (verdeckt) auf der Ostseite des Grenzübergangs Friedrichstraße (Checkpoint Charlie), 17. Januar 1963. Nikita Chruschtschow wird am 14. Oktober 1964 im KPdSU-Zentralkomitee gestürzt.

Chruschtschow und Kennedy

Die Führer der beiden Weltmächte reisen 1963 nach Berlin: Chruschtschow nach Ost-Berlin, Kennedy nach West-Berlin. Beide besuchen die Mauer – überschreiten die Grenze jedoch nicht. Im Oktober 1962 standen sie am Rand eines nuklearen Krieges, als die Sowjetunion Mittelstreckenraketen auf Kuba stationierte – nur 90 Meilen von der Küste Floridas entfernt. Unter Androhung des Einsatzes atomarer Waffen gelang es Kennedy, Chruschtschow zum Abzug der Raketen zu bewegen. Zugleich musste er jedoch auch versprechen, amerikanische Raketen aus der Türkei abzuziehen – und das kommunistische Kuba nicht noch einmal anzugreifen. Das Kräftemessen ging unentschieden aus. In der Folge verbindet ein direkter Draht Moskau und Washington, der helfen soll, Missverständnisse und Fehldeutungen der anderen Seite zu vermeiden. Nun fordern Chruschtschow und Kennedy in Berlin von ihren deutschen Verbündeten die Anerkennung der Realitäten, um die Lage ruhig zu halten.

Auf einem SED-Parteitag in Ost-Berlin verlangt Chruschtschow am 16. Januar 1963 als Reaktion auf die ständigen Bitten Ulbrichts nach sowjetischer Hilfe eine Steigerung der Arbeitsproduktivität in der DDR. „Weder Gott noch der Teufel werden Ihnen Brot oder Butter geben, wenn Sie das nicht mit Ihren eigenen Händen schaffen. [...] Wir dürfen keine Almosen von irgendeinem reichen Onkel erwarten." Die DDR, so lautet seine Botschaft, soll sich nach dem Mauerbau selbst helfen und wirtschaftlich stabilisieren. Kennedy wiederum fordert in West-Berlin, den Tatsachen ins Auge zu sehen und sich von Selbsttäuschungen freizumachen: „Dem Osten dieser Stadt und dieses Landes [ist] ein Polizeistaatsregime aufoktroyiert worden. Die friedliche Wiedervereinigung Berlins und Deutschlands wird daher weder rasch erfolgen noch leicht sein. [...] Aber in der Zwischenzeit verlangt die Gerechtigkeit, dass wir tun, was wir können, um in dieser Übergangsperiode das Schicksal der Menschen auf der anderen Seite zu erleichtern und ihre Hoffnung am Leben zu erhalten." Der Wind der Veränderung wehe über den Eisernen Vorhang hinweg. Die westliche Politik, so sein Plädoyer, soll sich bemühen, die Folgen der Teilung für die Menschen zu lindern.

Staatsbesuche an der Mauer, West.

Staatsbesuche an der Mauer, Ost.

Doppelzelle in der Potsdamer Stasi-Untersuchungshaftanstalt Lindenstr. 54 / 55
(Aufnahme 2006). Der ostdeutsche Geheimdienst betreibt DDR-weit insgesamt
17 Untersuchungshaftanstalten für politische Gefangene.

< Vorherige Seite: Staatsbesuche an der Mauer. Die Mauer wird seit den 1960er-Jahren
zum politischen Wallfahrtsort: Der Westen zeigt Staatsgästen die „kommunistische
Schandmauer", mit der die DDR-Bevölkerung eingesperrt wurde. Der Osten führt ihnen
den „antifaschistischen Schutzwall" vor, mit dem die Imperialisten ausgesperrt wurden.
West (linke Seite): Harold Wilson, britischer Premierminister (l.), mit Willy Brandt (2.v.l.) am
Potsdamer Platz, 6. März 1965. / Hamani Diori, Präsident von Niger (l.) am Potsdamer
Platz, 12. März 1965. / Die amerikanischen Astronauten Neill Armstrong, Michael Collins
und Edwin Aldrin an der Mauer, 13. Oktober 1969.
Ost (rechte Seite): Der sowjetische Kosmonaut German Titow am Brandenburger Tor
(4. v. r.), 1. September 1961. / Yasser Arafat, Chef der palästinensischen Befreiungs-
organisation (4.v.r.), 2. November 1971. / Fidel Castro, Partei- und Regierungschef von
Kuba, mit SED-Politbüromitglied Werner Lamberz (2.v.l.), 14. Juni 1972.

Häftlings-Freikauf

Rund 12.000 politische Häftlinge in DDR-Gefängnissen sind der Bundesregierung Anfang der 1960er-Jahre namentlich bekannt. Häufig mit Terrorurteilen der SED-Justiz belegt, besteht für sie wenig Hoffnung auf baldige Freiheit. Schon seit den 1950er-Jahren bemühen sich westdeutsche Einrichtungen um ihre Freilassung – ohne Erfolg.

1963 erklärt sich die DDR nach zähen Verhandlungen erstmals bereit, acht Häftlinge gegen eine Barzahlung von 205.000 DM an die Bundesrepublik zu verkaufen. Mit diesem Deal testen beide deutsche Staaten erfolgreich, dass die jeweils andere Seite willens und imstande ist, die Vertraulichkeit dieses Menschenhandels zu gewährleisten. Danach zeigt sich die DDR bereit, jährlich zwischen 500 und 1.500 politische Gefangene an die Bundesrepublik zu verkaufen. Verhandlungspartner auf der Ostseite ist Rechtsanwalt Dr. Wolfgang Vogel, auf der Westseite das gesamtdeutsche, später innerdeutsche Ministerium. Mit einem Bus werden die Freigekauften zumeist über den Grenzübergang Herleshausen von Deutschland-Ost nach Deutschland-West verfrachtet. Um zukünftige Transaktionen nicht zu gefährden, wird ihnen absolutes Stillschweigen auferlegt.

Durchschnittspreis: 95.847 DM pro Häftling

Der Kopfpreis wird zunächst individuell ausgefeilscht – je nach beruflicher Ausbildung und der Höhe der verhängten Strafe. Mitte der 1960er-Jahre tritt an die Stelle eines individuellen ein Durchschnittspreis von 40.000 DM pro Häftling; bis Ende der 1980er-Jahre steigt er auf 95.847 DM an. Die Bezahlung erfolgt nicht mehr bar, sondern in Form von Warenlieferungen über das Diakonische Werk der Evangelischen Kirche. Für die DDR ist dieser Menschenhandel eine wichtige und verlässliche Devisenquelle, denn ihr politisches Strafrecht sorgt dafür, dass fortlaufend neue Häftlinge für den Verkauf zur Verfügung stehen.

Passierscheinabkommen

Ein Passierscheinabkommen zwischen dem West-Berliner Senat und den Ost-Berliner Behörden ermöglicht West-Berlinern erstmals seit dem Mauerbau wieder den Besuch ihrer Ost-Berliner Verwandten über Weihnachten und Neujahr 1963/64.

730.000 Menschen nehmen lange Wartezeiten bei der Antragstellung in Kauf und nutzen das Abkommen: 1,2 Millionen Besuche in Ost-Berlin werden zwischen dem 19. Dezember und 5. Januar registriert.

Weitere Passierscheinabkommen für Zeiträume von jeweils zwei bis drei Wochen folgen 1964, 1965 und 1966. Am 29. Juli 1966 scheitern die Verhandlungen über ein Folge-Abkommen, da die DDR die neuerliche Aufnahme der bisherigen Präambel – beide Seiten stellen fest, dass sie keine Einigung über die Orts-, Behörden- und Amtsbezeichnungen erzielen können – verweigert und eine völkerrechtliche Anerkennung verlangt. Sechs lange Jahre – bis 1972 – können West-Berliner ihre Ost-Berliner Verwandten deshalb – von Ausnahmen abgesehen – nicht besuchen.

Siehe auch: www.chronik-der-mauer.de > Chronik > 1963 > Rias Reportage

Erstmals seit dem Mauerbau können West-Berliner über Weihnachten und Neujahr 1963/64 ihre Ost-Berliner Verwandten wieder besuchen: Es werden 1,2 Mio. Besuche registriert.

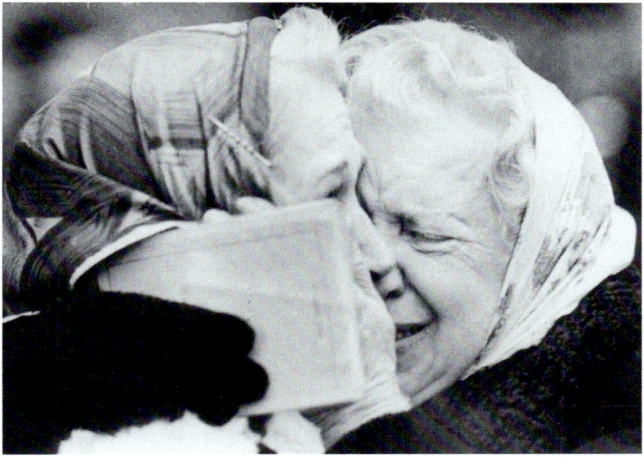

Wiedersehensfreude, Weihnachten 1963.

Deutsch-deutsches Gipfeltreffen in Erfurt

Im Zuge der amerikanisch-sowjetischen Entspannungspolitik findet am 19. März 1970 das erste deutsch-deutsche Gipfeltreffen statt. Der DDR-Ministerratsvorsitzende Willi Stoph fordert die Aufnahme völkerrechtlicher Beziehungen zwischen der DDR und der BRD; Bundeskanzler Willy Brandt dagegen beharrt auf besonderen innerdeutschen Beziehungen: Die Divergenzen sind unüberbrückbar.

Vor dem Hotel Erfurter Hof, in dem die Begegnung stattfindet, durchbrechen einige Tausend Menschen die Stasi-Absperrungen und skandieren „Willy, Willy". Dann ruft die Menge: „Willy Brandt ans Fenster!" und räumt jeden Zweifel aus, welchem Willy ihre Sympathie gilt. „Dem folgte ich nicht gleich", notierte der Gerufene später, „dann aber doch, um mit der Gestik der Hände um Zurückhaltung zu bitten. Ich war bewegt und ahnte, dass es ein Volk mit mir war. Wie stark musste das Gefühl der Zusammengehörigkeit sein, das sich auf diese Weise entlud."

Der „Zwischenfall von Erfurt" verstärkt das Misstrauen der sowjetischen Führung gegenüber der Deutschlandpolitik Walter Ulbrichts. Schon seit der Bildung der sozialliberalen Koalition in der Bundesrepublik ist in der KPdSU-Spitze der Verdacht gewachsen, dass der SED-Generalsekretär auf eine allzu enge Verbindung mit den westdeutschen Sozialdemokraten – an der Sowjetunion vorbei – hinstreben könnte. „Was will Walter mit der Möglichkeit, durch nichts zu beweisenden Möglichkeit, der Zusammenarbeit mit der westdeutschen Sozialdemokratie, was versteht er unter der Forderung, der Regierung Brandt zu helfen? Gut, Sie wissen es nicht, ich auch nicht", klagt KPdSU-Generalsekretär Leonid Breschnew im Vier-Augen-Gespräch mit Erich Honecker. Und dann schärft er dem designierten Nachfolger Ulbrichts ein: „Erich, ich sage dir ganz offen, vergesse das nie: Die DDR kann ohne uns, ohne die SU, ihre Macht und Stärke – nicht existieren. Ohne uns gibt es keine DDR. [...] Es darf zu keinem Prozess der Annäherung zwischen der BRD und der DDR kommen."

Auf dem VIII. SED-Parteitag im April 1971 wird Ulbricht abgelöst – sein Nachfolger wird Erich Honecker. Er versichert Breschnew umgehend, „dass wir fest auf der Position der völligen Klassenabgrenzung gegenüber der imperialistischen BRD stehen, so wie wir dies vereinbart haben." Wirtschaftlich werde die SED die Linie der Unabhängigkeit von der Bundesrepublik fortsetzen, um nicht in politische Abhängigkeit zu geraten.

Drei Abkommen ebnen schließlich den Weg für eine Vertragspolitik zwischen beiden deutschen Staaten:

Am 12. August 1970 unterzeichnen die Bundesrepublik Deutschland und die Sowjetunion in Moskau einen Vertrag über Gewaltverzicht und Normalisierung der Beziehungen. Darin verzichten beide Staaten auf Gebietsansprüche und erklären, „künftig die Grenzen aller Staaten in Europa als unverletzlich [zu betrachten] [...], einschließlich der Oder-Neiße-Linie [...] und der Grenze zwischen der Bundesrepublik Deutschland und der Deutschen Demokratischen Republik". Außenminister Walter Scheel erklärt danach im sogenannten „Brief zur deutschen Einheit", der zum Bestandteil des Vertragswerkes wird, dass „der Vertrag nicht im Widerspruch zu dem politischen Ziel der Bundesrepublik Deutschland steht, auf einen Zustand des Friedens in Europa hinzuwirken, in dem das deutsche Volk in freier Selbstbestimmung seine Einheit wiedererlangt".

Im Warschauer Vertrag mit Polen vom 7. Dezember 1970 erkennt die Bundesrepublik die Oder-Neiße-Linie als Westgrenze Polens an.

Am 3. September 1971 unterzeichnen die USA und die UdSSR, Großbritannien und Frankreich schließlich das Viermächteabkommen über Berlin. Auf der Grundlage des fortbestehenden Viermächtestatus für ganz Berlin werden die Rechte und Verantwortlichkeiten der drei Mächte für die Westsektoren Berlins und die Bindungen zwischen den Westsektoren Berlins und der Bundesrepublik bestätigt. Die Sowjetunion gewährleistet, dass der zivile Verkehr zwischen West-Berlin und der Bundesrepublik künftig einfach und schnell sowie ohne Behinderungen stattfinden kann. Die Vereinbarung konkreter Regelungen wird den zuständigen deutschen Behörden übertragen.

6
Die Perfektionierung des Sperrsystems

Die Perfektionierung des Sperrsystems

Jahr für Jahr werden die Sperranlagen mitten durch Berlin weiter ausgebaut. Ihre Bewachung erfolgt seit 1962 nach militärischen Prinzipien – durch die Grenztruppen der DDR. Neben Sperranlagen und Grenzposten sind Schüsse auf Flüchtlinge der dritte Eckpfeiler der militärischen Grenzsicherung.

Im ersten Jahr der Mauer unterstehen die Berliner Grenzbrigaden noch dem DDR-Innenministerium. Ihre mangelnde Disziplin ist der SED-Führung ein Ärgernis. Tag für Tag gelingen mehrere Fluchten; allein 77 Grenzpolizisten setzen sich 1962 in den Westen ab. Nicht alle Grenzbewacher hätten erkannt, heißt es im Nationalen Verteidigungsrat, dass „Grenzverletzer in jedem Fall als Gegner gestellt, wenn notwendig vernichtet" werden müssten. Aufforderungen aus dem Westen wie „Triff daneben – werde nicht zum Mörder" zeigten durchaus Wirkung.

Im August 1962 werden die Berliner Grenzeinheiten dem Ministerium für Nationale Verteidigung unterstellt. Fortan werden die Grenzsoldaten auf Befehl und Gehorsamkeit getrimmt und militärisch ausgebildet. Die Zusammenarbeit der Grenztruppen mit Staatssicherheit und Volkspolizei wird verbessert, um Fluchtvorhaben schon im Planungsstadium erkennen und vereiteln zu können. Die Stasi schleust hauptamtliche Mitarbeiter in die Grenztruppen ein und gewinnt inoffizielle Mitarbeiter, um Fahnenfluchten zu verhindern. Im Grenzgebiet werden Kollaborateure („freiwillige Helfer") angeworben, die bei der Kontrolle und Überwachung der dort wohnenden Menschen behilflich sind – mehr als 600 solcher „Helfer" gibt es Mitte der 1980er-Jahre.

Auch der Ausbau der Sperranlagen erfolgt seit Mitte der 1960er-Jahre nicht mehr behelfsmäßig, sondern nach einheitlichen militärischen Plänen. Elemente der Sperranlagen wie Betonplatten und Wachtürme gehen in die industrielle Serienproduktion. Bis Ende der 1960er-Jahre entsteht ein nahezu unüberwindbares Grenzsicherungssystem.

< Vorherige Seite: Berlin-Mitte, Wilhelmstraße / Niederkirchnerstraße, August 1962.

Installation elektrischer Alarmzäune, 1964.

Streckmetallgitterzäune ersetzen Stacheldraht, 1965.

Verlegung von Dornenmatten („Stalinrasen") im Todesstreifen zwischen Treptow und Neukölln (Bouchéstraße).

„Grenzverletzer müssen in jedem Fall als Gegner gestellt, wenn notwendig vernichtet werden."

Nationaler Verteidigungsrat der DDR, 14. September 1962.

Hochsitz zur Jagd auf Flüchtlinge im Todesstreifen zwischen Kreuzberg und Friedrichshain, Oktober 1963.

Vier Generationen Mauer

Auf die Mauer der ersten und zweiten Generation (aus Hohlblocksteinen bzw. Straßenbauplatten) folgt in der zweiten Hälfte der 1960er-Jahre die Mauer der dritten Generation in Plattenbauweise.

Seit Mitte der 1970er-Jahre wird die Mauer der vierten Generation errichtet. Sie besteht aus industriell gefertigten, senkrecht aufgestellten Betonsegmenten, die zuvor schon in der Landwirtschaft verwendet wurden: als Lagerwände für Gülle.

Mauer der 1. Generation aus Hohlblocksteinen zwischen Treptow und Neukölln (Elsenstraße), April 1963. < Ost / West >

2. Generation (Straßenbauplatten, links) und 3. Generation (waagerechte Betonplatten) der Mauer, Juli 1966.

Errichtung der 3. Generation der Mauer in Plattenbauweise zwischen Kreuzberg und Friedrichshain, 1966. < West / Ost >

4. Generation der Mauer in Kombination mit Panzersperren, 1980er-Jahre.

4. Generation der Mauer zwischen Berlin-Mitte und Kreuzberg (Sebastianstraße), 1980er-Jahre. < West / Ost >

Die Sperranlagen

Von Ost nach West beginnt der zwischen 15 und mehr als 150 Meter breite Todesstreifen mit einer zwei bis drei Meter hohen „Hinterlandmauer" oder einem „Hinterlandsperrzaun". Es folgt in kurzer Entfernung ein gut zwei Meter hoher Alarmzaun. Dieser „Kontakt-Signalzaun" ist mit mehreren Draht-Reihen versehen, die unter elektrischer Spannung stehen und bei Berührung akustische und/oder optische Signale aussenden. Die technisch ausgereifteren Versionen dieses Zauns, wie der „Grenzsignal- und Sperrzaun II", werden fünfzig Zentimeter tief ins Erdreich versenkt, um ein Unterkriechen zu verhindern. Der Alarm wird an den modernen Zaunanlagen „still" ausgelöst: Während der Flüchtling sich noch sicher wähnt, ist er im Führungspunkt des Grenzabschnitts bereits lokalisiert.

Parallel zum Signalzaun wird an unübersichtlichen Stellen eine Laufanlage für Kettenhunde installiert.

Dann folgt der Abschnitt, in dem die Beobachtungstürme und Erdbunker der Grenzsoldaten stehen und ein „Kolonnenweg" für die motorisierten Streifendienste angelegt ist. Zumeist am Kolonnenweg entlang verläuft der Kabelschacht für das Grenzmeldenetz. Eine Lichttrasse taucht den Todesstreifen in helles Licht, sodass auch nachts günstige Sicht- und Schussverhältnisse gewährleistet sind.

Letztes Hindernis vor der Mauer ist der Kfz-Sperrgraben, der von der DDR-Seite schräg abfällt, zur Grenzseite hin dagegen senkrecht ausgehoben und teilweise mit Betonplatten verstärkt ist

Den Abschluss dieses Sperrsystems bildet eine 3,50 bis 4,00 Meter hohe und 10 Zentimeter dicke Betonmauer mit einer Rohrauflage, die es erschweren soll, beim Übersteigen mit den Händen Halt zu finden; an manchen Stellen wird ihre Funktion auch von einem 2,90 Meter hohen, engmaschigen Streckmetallgitterzaun erfüllt.

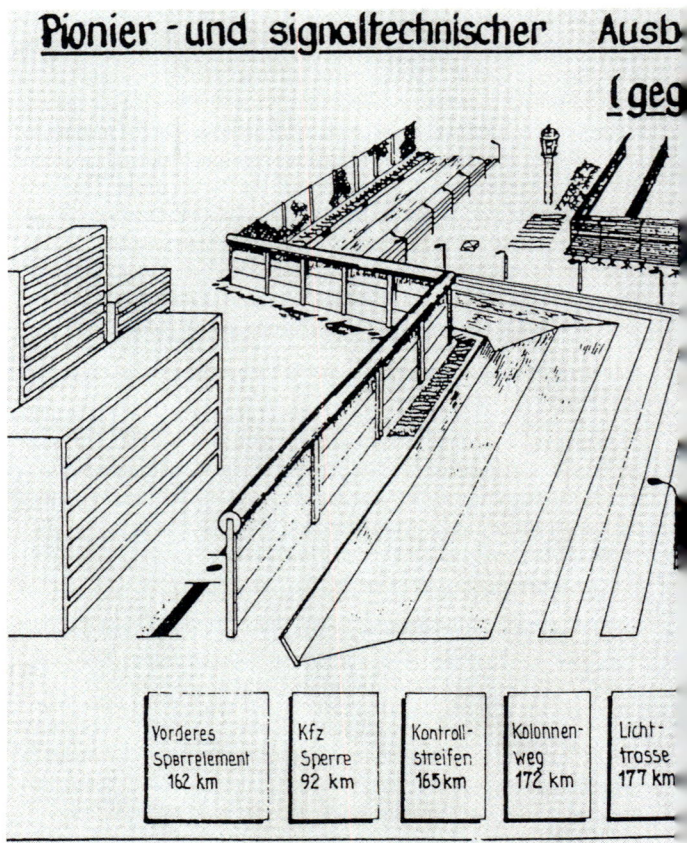

Grenztruppen-Schema der innerstädtischen Sperranlagen, Mitte der 1970er-Jahre.

u der Staatsgrenze zu BERLIN-West
nwärtig)

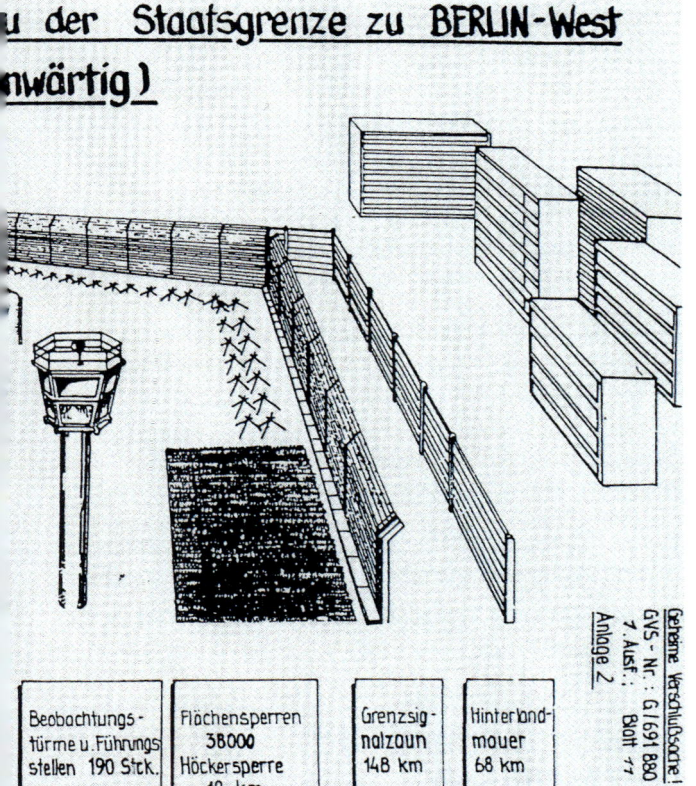

Geheime Verschlußsache!
GVS - Nr.: G I 691 880
7. AusF.:
Blatt 11
Anlage 2

Beobachtungs-türme u. Führungsstellen 190 Stck.	Flächensperren 38000 Höckersperre 19 km	Grenzsignalzaun 148 km	Hinterlandmauer 68 km

Die Kosten der Berliner Mauer

Rund 100 Mio. DDR-Mark kosten allein die Sperranlagen, die in Berlin bis 1970 errichtet werden – die Personalkosten für ihre Bewachung kommen hinzu.

Wie viele Milliarden die Mauer bis 1989 verschlungen hat, ist bis heute nicht bekannt. Die intern ausgewiesenen jährlichen Ausgaben für die DDR-Grenztruppen insgesamt steigen von 600 Mio. Mark im Jahr 1970 auf knapp eine Mrd. Mark 1983. Im Frühjahr 1989 machen Ökonomen der Grenztruppen eine groteske Rechnung auf: Sie teilen die Kosten für die Grenze durch die Anzahl der Festnahmen und stellen fest, dass jede Verhaftung 2,1 Millionen Mark kostet. Den Wert eines durchschnittlichen Werktätigen veranschlagen sie auf 700.000 Mark. Die Kosten für eine Festnahme seien somit dreimal so hoch wie der Wert des Gefangenen. Die Grenzsicherung, so ihre Schlussfolgerung, müsse billiger werden.

Die Berliner Grenzsicherung ist Teil des umfassenden (geheim-) polizeilich-militärischen Komplexes, dessen immense Kosten die DDR in den 1980er-Jahren maßgeblich in den Bankrott treiben. Kein anderes Land im Ostblock verwendet einen höheren Anteil des Nationaleinkommens für Militärausgaben als die DDR; pro Kopf der Bevölkerung sind sie in den 1980er-Jahren mit 957 Mark dreimal höher als in der Sowjetunion (322 Mark).

Bei einer Bevölkerung von knapp 17 Millionen Menschen stehen in der DDR einschließlich der sowjetischen Truppen fast eine Million Männer unter Waffen.

Einwohner der DDR: 16,9 Millionen

Bewaffnete Kräfte in der DDR: 0,933 Millionen

Militärparade der Kampfgruppen der Arbeiterklasse zum 5. Jahrestag des Mauerbaus in Ost-Berlin, 13. August 1966.

Die Grenztruppen als Teil der (geheim-)polizeilich-militärischen Diktatur

Bewaffnete Organe	Personelle Stärke
Nationale Volksarmee	173.000
Grenztruppen	50.000
Ministerium für Staatssicherheit	91.000
Deutsche Volkspolizei	60.000
Betriebs-Kampfgruppen	209.000
Zwischensumme	**583.000**
Sowjetische Streitkräfte in der DDR	350.000
Gesamt	**933.000**

November 1989.

Die Grenztruppen

Die Grenzeinheiten, denen die Sicherung der 156,4 Kilometer langen Berliner Mauer obliegt, unterstehen seit 1971 dem „Grenzkommando Mitte" mit Sitz in Berlin-Karlshorst. Zusammen mit den für die innerdeutsche Grenze zuständigen Grenzkommandos Süd und Nord ist es dem insgesamt rund 50.000 Mann starken Kommando der Grenztruppen unterstellt.

Das Grenzkommando Mitte zählt 1989 rund 11.500 Mann: knapp 2.400 Berufsoffiziere – fast alle Mitglieder der SED –, 1.700 Unteroffiziere auf Zeit sowie 7.200 Wehrpflichtige. Drei seiner sieben Grenzregimenter liegen in Berlin, vier im Bezirk Potsdam. Zwei Ausbildungsregimenter – am Rand von Berlin in Oranienburg und Wilhelmshagen stationiert – bilden die Grenzsoldaten im Grundwehrdienst aus. Alle neun Regimenter sind je 1.000 bis 1.400 Mann stark.

Der Abstand zwischen den Grenzposten beträgt in der Stadtmitte tagsüber etwa 320 Meter, nachts 260 Meter.

Die Sicherung der Grenze erfolgt in einem sechs- bis zehnstündigen Dienst, in dem die fünf Kompanien eines Grenzregiments aufeinanderfolgend zum Einsatz kommen. Rund 100 Mann bewachen die zwischen 12,7 km (Grenzregiment-35) und 29,8 Kilometer (Grenzregiment-38) langen Grenzabschnitte. Der Abstand zwischen den Grenzposten beträgt in der Stadtmitte tagsüber durchschnittlich 320 Meter, nachts 260 Meter; bei verstärkter Grenzsicherung wird die Distanz zwischen den Posten am Tage auf 260 Meter und in der Nacht auf 150 Meter verringert. Im Bereich Potsdam stehen die Posten weiter auseinander: zwischen 560 und 950 Meter am

Tag und 400 bis 650 Meter bei Nacht und bei verstärkter Grenzsicherung. Das Grenzkommando Mitte und seine Regimenter verfügen nicht nur über 2.295 Kraftfahrzeuge, 10.726 Maschinenpistolen, 600 leichte und schwere Maschinengewehre, 2.753 Pistolen, 29 Grenzsicherungsboote und 992 Fährten-, Schutz- und Wachhunde. Sie sind zugleich mit schwerer Bewaffnung und Technik ausgerüstet: 567 Schützenpanzerwagen, 48 Granatwerfern, 48 Panzerabwehrkanonen, 114 Flammenwerfern, 682 Panzerbüchsen, 156 gepanzerten Fahrzeugen und schwerer Pioniertechnik.

Denn neben der Fluchtabwehr hat das Grenzkommando Mitte eine weitere Aufgabe: Die Eroberung von West-Berlin im Kriegsfall, gemeinsam mit sowjetischen Streitkräften und Einheiten der Nationalen Volksarmee („Berliner Gruppierung") – laut Plan innerhalb von 24 Stunden. In Kriegsspielen üben die Stäbe deshalb regelmäßig den Angriff auf West-Berlin – und die Einheiten der Grenzregimenter werden für Kriegshandlungen ausgebildet.

Arbeitsbeginn im Todesstreifen – je zwei Grenzposten bewachen sich auch gegenseitig, 1980er-Jahre.

Der Schießbefehl – Lizenz zum Töten

Todesschüsse auf Flüchtlinge sind neben der allgemeinen Überwachung, der Vorfeldsicherung durch Stasi und Volkspolizei, schwer überwindbaren Sperranlagen und einer dichten Staffelung von Grenzposten der entscheidende Eckpfeiler des DDR-Grenzregimes. Nur die Androhung der Todesstrafe – und in letzter Konsequenz deren Vollstreckung – bietet dem SED-Regime ausreichend Gewähr, Fluchten dauerhaft zu unterbinden. In den nach 1990 eingeleiteten Strafverfahren wegen der Todesschüsse auf Flüchtlinge bestritten die Mitglieder der ehemaligen politischen und militärischen Führung der DDR vehement, dass es jemals einen Schießbefehl gegeben habe. Formaljuristisch betrachtet muss ihnen Recht gegeben werden, denn die Gesetze, Dienstvorschriften und Befehle zum Schusswaffengebrauch begründeten lediglich einen „Erlaubnistatbestand", nicht jedoch die Verpflichtung zum Todesschuss.

Maschinenpistole Kalaschnikow AK 47, Kurvenmagazin mit 30 Schuss Munition, treffsicher mit Einzel- und Dauerfeuer auf 300–400 Meter.

Doch Recht und Gesetz sind in der DDR der politischen Opportunität unterworfen. Politische Strafgesetze, die Fluchtversuche unter bestimmten Bedingungen als Verbrechen definieren, eine ideologische Indoktrination, die junge Soldaten zum bedingungslosen Hass auf den „Grenzverletzer" erzieht, Belobigungen und Prämien für Todesschützen rücken die „Erlaubnis" nahe an die Pflicht. „Grenzverletzer sind festzunehmen oder zu vernichten" – mit diesem Befehl werden die

DDR-Grenzsoldaten bis in die 1980er-Jahre tagtäglich auf ihren Posten in den Todesstreifen geschickt. Nach wie vor, so Erich Honecker 1974, „muss bei Grenzdurchbruchsversuchen von der Schusswaffe rücksichtslos Gebrauch gemacht werden, und es sind die Genossen, die die Schusswaffe erfolgreich angewandt haben, zu belobigen".

„Wer unsere Grenze nicht respektiert, der bekommt die Kugel zu spüren."

DDR-Verteidigungsminister Heinz Hoffmann, August 1966.

Passt es der SED-Führung dagegen politisch nicht ins Konzept, dass an der Grenze geschossen wird – etwa im Umfeld von internationalen Veranstaltungen oder Staatsbesuchen, bei denen die DDR im Rampenlicht steht –, wird der Schießbefehl für kurze Zeit außer Kraft gesetzt.

Proteste gegen die Tötung von Flüchtlingen finden in der SED-Spitze umso mehr Beachtung, je stärker die DDR um internationale Anerkennung buhlt und in den 1980er-Jahren schließlich in wirtschaftliche Abhängigkeit vom Westen gerät. Am 3. April 1989 weist Honecker an, „die Schusswaffe […] zur Verhinderung von Grenzdurchbrüchen" nicht länger anzuwenden. Die drohende internationale Isolierung der DDR nach den Todesschüssen auf Chris Gueffroy zeigt Wirkung. „Lieber einen Menschen abhauen lassen, als in der jetzigen politischen Situation die Schusswaffe anzuwenden", lässt SED-Generalsekretär Erich Honecker seinen Militärs verbindlich ausrichten. Der Schießbefehl, eine Existenzbedingung des SED-Staates, ist damit aufgehoben. Nur kurze Zeit später verschwindet die DDR.

Günter Litfin

Hans Räwel

Hildegard Trabant

Giuseppe Savoca

Cetin Mert

Herbert Kiebler

Lutz Schmidt

Chris Gueffroy

Winfried Freudenberg

Michael Kollender

Eduard Wroblewski

Karl-Heinz Kube

Ulrich Steinhauer

Marienetta Jirkowsky

Rainer Liebeke

7
Todesopfer an der Berliner Mauer

Todesopfer an der Berliner Mauer

Zwischen 1961 und 1989 werden an der Berliner Mauer mindestens 136 Menschen getötet oder kommen im Zusammenhang mit dem DDR-Grenzregime ums Leben. Eine unbekannte Anzahl von Menschen stirbt aus Kummer und Verzweiflung über die Auswirkungen des Mauerbaus auf ihre individuellen Lebensverhältnisse.

Ihr Leben verlieren an der Berliner Mauer mindestens:
- 98 DDR-Flüchtlinge, die beim Versuch, die Grenzanlagen zu überwinden, erschossen werden, verunglücken oder sich das Leben nehmen,
- 30 Menschen aus Ost und West ohne Fluchtabsichten, die erschossen werden oder verunglücken,
- acht im Dienst getötete DDR-Grenzsoldaten.

Darüber hinaus sterben zahlreiche überwiegend ältere Reisende während oder nach Kontrollen an Berliner Grenzübergängen, vornehmlich an den Folgen eines Herzinfarkts.

Tötungen und Morde an der Berliner Mauer – wie an der innerdeutschen Grenze, der Ostsee und an den Grenzen von Drittstaaten – sind die Spitze der Gewalt, die von der DDR-Grenzsicherung ausgeht. Die SED-Führung nimmt das Töten billigend in Kauf. Doch ihr ist auch bewusst, dass Schüsse und Tote an der Grenze – vor allem zu Zeiten der Entspannungspolitik – der DDR in der internationalen Öffentlichkeit keinen guten Ruf bescheren. Deshalb versucht sie gemeinsam mit Grenztruppen und Staatssicherheitsdienst, Todesfälle wann immer möglich zu verheimlichen und zu verschleiern. Selbst Leichname lässt die Staatssicherheit spurlos verschwinden. Die Wahrheit über die Todesumstände ihrer Angehörigen erfahren die Familien oft erst in den 1990er-Jahren – nach der Öffnung der DDR-Archive und im Zuge der strafrechtlichen Ermittlungen gegen die Gewalttaten an der Grenze.

Flüchtlinge, die zwischen 1961 und 1989 an der Berliner Mauer erschossen werden, verunglücken oder sich das Leben nehmen; Menschen ohne Fluchtabsichten aus Ost und West, die im Grenzgebiet erschossen werden oder verunglücken

1961

Ida Siekmann (58)	*23.08.1902 †22.08.1961	Bei einem Fluchtversuch tödlich verunglückt
Günter Litfin (24)	*19.01.1937 †24.08.1961	Bei einem Fluchtversuch erschossen
Roland Hoff (27)	*19.03.1934 †29.08.1961	Bei einem Fluchtversuch erschossen
Rudolf Urban (47)	*06.06.1914 †17.09.1961	An den Folgen der bei einem Fluchtversuch zugezogenen Verletzungen gestorben
Olga Segler (80)	*31.07.1881 †26.09.1961	An den Folgen der bei einem Fluchtversuch zugezogenen Verletzungen gestorben
Bernd Lünser (22)	*11.03.1939 †04.10.1961	Unter Beschuss bei einem Fluchtversuch tödlich verletzt
Udo Düllick (25)	*03.08.1936 †05.10.1961	Unter Beschuss bei einem Fluchtversuch ertrunken
Werner Probst (26)	*18.06.1936 †14.10.1961	Bei einem Fluchtversuch erschossen
Lothar Lehmann (19)	*28.01.1942 †26.11.1961	Bei einem Fluchtversuch ertrunken
Dieter Wohlfahrt (20)	*27.05.1941 †09.12.1961	Bei einer Fluchthilfeaktion als Fluchthelfer erschossen
Ingo Krüger (21)	*31.01.1940 †11.12.1961	Bei einem Fluchtversuch ertrunken
Georg Feldhahn (20)	*12.08.1941 †19.12.1961	Bei einem Fluchtversuch ertrunken

1962

Dorit Schmiel (20)	*25.04.1941 †19.02.1962	Bei einem Fluchtversuch erschossen
Heinz Jercha (27)	*01.07.1934 †27.03.1962	Bei einer Fluchthilfeaktion als Fluchthelfer erschossen
Philipp Held (19)	*02.05.1942 † April 1962	Bei einem Fluchtversuch ertrunken
Klaus Brueske (23)	*14.09.1938 †18.04.1962	Bei einem Fluchtversuch erschossen
Peter Böhme (19)	*17.08.1942 †18.04.1962	Bei einem Fluchtversuch erschossen
Horst Frank (19)	*07.05.1942 †29.04.1962	Bei einem Fluchtversuch erschossen
Lutz Haberlandt (24)	*29.04.1938 †27.05.1962	Bei einem Fluchtversuch erschossen
Axel Hannemann (17)	*27.04.1945 †05.06.1962	Bei einem Fluchtversuch erschossen
Erna Kelm (53)	*21.07.1908 †11.06.1962	Bei einem Fluchtversuch ertrunken
Wolfgang Glöde (13)	*01.02.1949 †11.06.1962	Versehentlich beim Spielen im Grenzgebiet erschossen

Siegfried Noffke (22)	*09. 12. 1939 † 28. 06. 1962	Bei einer Fluchthilfeaktion als Fluchthelfer erschossen
Peter Fechter (18)	*14. 01. 1944 † 17. 08. 1962	Bei einem Fluchtversuch erschossen
Hans-Dieter Wesa (19)	*10. 01. 1943 † 23. 08. 1962	Bei einem Fluchtversuch erschossen
Ernst Mundt (41)	*02. 12. 1921 † 04. 09. 1962	Bei einem Fluchtversuch erschossen
Anton Walzer (60)	*27. 04. 1902 † 08. 10. 1962	Bei einem Fluchtversuch erschossen
Horst Plischke (23)	*12. 07. 1939 † 19. 11. 1962	Bei einem Fluchtversuch ertrunken
Ottfried Reck (17)	*14. 12. 1944 † 27. 11. 1962	Bei einem Fluchtversuch erschossen
Günter Wiedenhöft (20)	*14. 02. 1942 † 06. 12. 1962	Bei einem Fluchtversuch ertrunken

1963

Hans Räwel (21)	*11. 12. 1941 † 01. 01. 1963	Bei einem Fluchtversuch erschossen
Horst Kutscher (31)	*05. 07. 1931 † 15. 01. 1963	Bei einem Fluchtversuch erschossen
Peter Kreitlow (20)	*15. 01. 1943 † 24. 01. 1963	Bei einem Fluchtversuch erschossen
Wolf-Olaf Muszynski (16)	*01. 02. 1947 † Feb. 1963	Bei einem Fluchtversuch ertrunken
Peter Mädler (19)	*10. 07. 1943 † 26. 04. 1963	Bei einem Fluchtversuch erschossen
Klaus Schröter (23)	*21. 02. 1940 † 04. 11. 1963	Bei einem Fluchtversuch angeschossen und ertrunken
Dietmar Schulz (24)	*21. 10. 1939 † 25. 11. 1963	Bei einem Fluchtversuch tödlich verunglückt
Dieter Berger (24)	*27. 10. 1939 † 13. 12. 1963	Bei einem Fluchtversuch erschossen
Paul Schultz (18)	*02. 10. 1945 † 25. 12. 1963	Bei einem Fluchtversuch erschossen

1964

Walter Hayn (25)	*31. 01. 1939 † 27. 02. 1964	Bei einem Fluchtversuch erschossen
Adolf Philipp (20)	*17. 08. 1943 † 05. 05. 1964	Als West-Berliner im Grenzgebiet erschossen
Walter Heike (29)	*20. 09. 1934 † 22. 06. 1964	Bei einem Fluchtversuch erschossen
Norbert Wolscht (20)	*27. 10. 1943 † 28. 07. 1964	Bei einem Fluchtversuch ertrunken
Rainer Gneiser (20)	*10. 01. 1944 † 28. 07. 1964	Bei einem Fluchtversuch ertrunken
Hildegard Trabant (37)	*12. 06. 1927 † 18. 08. 1964	Bei einem Fluchtversuch erschossen
Wernhard Mispelhorn (18)	*10. 11. 1945 † 20. 08. 1964	Bei einem Fluchtversuch angeschossen und an den Schussverletzungen gestorben
Hans-Joachim Wolf (17)	*08. 08. 1947 † 26. 11. 1964	Bei einem Fluchtversuch erschossen
Joachim Mehr (19)	*03. 04. 1945 † 03. 12. 1964	Bei einem Fluchtversuch erschossen

1965

Unbekannter Flüchtling	† 19. 01. 1965	Bei einem Fluchtversuch ertrunken
Christian Buttkus (21)	*21. 02. 1944 † 04. 03. 1965	Bei einem Fluchtversuch erschossen
Ulrich Krzemien (24)	*13. 09. 1940 † 25. 03. 1965	Als West-Berliner im Grenzgewässer ertrunken
Peter Hauptmann (26)	*20. 03. 1939 † 03. 05. 1965	Ohne Fluchtabsicht im Grenzgebiet erschossen
Hermann Döbler (42)	*28. 10. 1922 † 15. 06. 1965	Als West-Berliner im Grenzgebiet erschossen
Klaus Kratzel (25)	*03. 03. 1940 † 08. 08. 1965	Bei einem Fluchtversuch tödlich verunglückt
Klaus Garten (24)	*19. 07. 1941 † 18. 08. 1965	Bei einem Fluchtversuch erschossen
Walter Kittel (22)	*21. 11. 1942 † 18. 10. 1965	Bei einem Fluchtversuch erschossen
Heinz Cyrus (29)	*05. 06. 1936 † 11. 11. 1965	Unter Beschuss bei einem Fluchtversuch tödlich verletzt
Heinz Sokolowski (47)	*17. 12. 1917 † 25. 11. 1965	Bei einem Fluchtversuch erschossen
Erich Kühn (62)	*27. 02. 1903 † 03. 12. 1965	Bei einem Fluchtversuch erschossen
Heinz Schöneberger (27)	*07. 06. 1938 † 26. 12. 1965	Bei einer Fluchthilfeaktion als Fluchthelfer erschossen

1966

Dieter Brandes (19)	*23. 10. 1946 † 11. 01. 1966	Bei einem Fluchtversuch angeschossen und an den Schussverletzungen gestorben
Willi Block (31)	*05. 06. 1934 † 07. 02. 1966	Bei einem Fluchtversuch erschossen
Jörg Hartmann (10)	*27. 10. 1955 † 14. 03. 1966	Bei einem Fluchtversuch erschossen
Lothar Schleusener (13)	*14. 01. 1953 † 14. 03. 1966	Bei einem Fluchtversuch erschossen
Willi Marzahn (21)	*03. 06. 1944 † 19. 03. 1966	Bei einem Fluchtversuch erschossen oder Selbstmord verübt
Eberhard Schulz (20)	*11. 03. 1946 † 30. 03. 1966	Bei einem Fluchtversuch erschossen
Michael Kollender (21)	*19. 02. 1945 † 25. 04. 1966	Bei einem Fluchtversuch erschossen
Paul Stretz (31)	*28. 02. 1935 † 29. 04. 1966	Als West-Berliner im Grenzgebiet erschossen
Eduard Wroblewski (33)	*03. 03. 1933 † 26. 07. 1966	Bei einem Fluchtversuch erschossen
Heinz Schmidt (46)	*26. 10. 1919 † 29. 08. 1966	Als West-Berliner im Grenzgebiet erschossen
Andreas Senk (5–6)	*1960 † 13. 09. 1966	Im Grenzgewässer ertrunken
Karl-Heinz Kube (17)	*10. 04. 1949 † 16. 12. 1966	Bei einem Fluchtversuch erschossen

1967

Max Sahmland (37)	*28.03.1929 † 27.01.1967	Bei einem Fluchtversuch angeschossen und durch die Schussverletzungen ertrunken
Franciszek Piesik (24)	*23.11.1942 † 17.10.1967	Bei einem Fluchtversuch ertrunken

1968

Elke Weckeiser (22)	*31.10.1945 † 18.02.1968	Bei einem Fluchtversuch erschossen
Dieter Weckeiser (25)	*15.02.1943 † 19.02.1968	Bei einem Fluchtversuch erschossen
Herbert Mende (29)	*09.02.1939 † 10.03.1968	Bei einem Fluchtversuch erschossen
Bernd Lehmann (18)	*31.07.1949 † 28.05.1968	Bei einem Fluchtversuch ertrunken
Siegfried Krug (28)	*22.07.1939 † 06.07.1968	Als Westdeutscher im Grenzgebiet erschossen
Horst Körner (21)	*12.07.1947 † 15.11.1968	Bei einem Fluchtversuch erschossen

1969

Johannes Lange (28)	*17.12.1940 † 09.04.1969	Bei einem Fluchtversuch erschossen
Klaus-Jürgen Kluge (21)	*25.07.1948 † 13.09.1969	Bei einem Fluchtversuch erschossen
Leo Lis (45)	*10.05.1924 † 20.09.1969	Bei einem Fluchtversuch erschossen

1970

Christel Wehage (23)	*15.12.1946 † 10.03.1970	Selbstmord nach gescheitertem Fluchtversuch durch eine Flugzeugentführung
Eckhard Wehage (21)	*08.07.1948 † 10.03.1970	Selbstmord nach gescheitertem Fluchtversuch durch eine Flugzeugentführung
Heinz Müller (27)	*16.05.1943 † 19.06.1970	Als Westdeutscher im Grenzgebiet erschossen
Willi Born (19)	*29.07.1950 † 07.07.1970	Selbstmord nach gescheitertem Fluchtversuch
Friedhelm Ehrlich (20)	*11.07.1950 † 02.08.1970	Ohne Fluchtabsicht im Grenzgebiet erschossen
Gerald Thiem (41)	*06.09.1928 † 07.08.1970	Als Westdeutscher im Grenzgebiet erschossen
Helmut Kliem (31)	*02.06.1939 † 13.11.1970	Ohne Fluchtabsicht im Grenzgebiet erschossen
Christian Peter Friese (22)	*05.01.1948 † 25.12.1970	Bei einem Fluchtversuch erschossen

1971

Rolf-Dieter Kabelitz (19)	*23.06.1951	† 30.01.1971	Bei einem Fluchtversuch angeschossen und an den Folgen der Schussverletzungen gestorben
Wolfgang Hoffmann (28)	*01.09.1942	† 15.07.1971	Als West-Berliner nach Festnahme in Ost-Berlin tödlich verunglückt
Werner Kühl (22)	*10.02.1949	† 24.07.1971	Als West-Berliner im Grenzgebiet erschossen
Dieter Beilig (30)	*05.09.1941	† 02.10.1971	Als West-Berliner im Grenzgebiet erschossen

1972

Horst Kullack (23)	*20.11.1948	† 21.01.1972	Bei einem Fluchtversuch angeschossen und an den Schussverletzungen gestorben
Manfred Weylandt (29)	*12.07.1942	† 14.02.1972	Bei einem Fluchtversuch erschossen
Klaus Schulze (18)	*13.10.1953	† 07.03.1972	Bei einem Fluchtversuch erschossen
Cengaver Katranci (7–8)	*1964	† 30.10.1972	Im Grenzgewässer ertrunken

1973

Holger H. (1–2)	*1971	† 22.01.1973	Bei einem gelungenen Fluchtversuch der Eltern erstickt
Volker Frommann (28)	*23.04.1944	† 05.03.1973	Bei einem Fluchtversuch tödlich verunglückt
Horst Einsiedel (33)	*08.02.1940	† 15.03.1973	Bei einem Fluchtversuch erschossen
Manfred Gertzki (30)	*17.05.1942	† 27.04.1973	Bei einem Fluchtversuch erschossen
Siegfried Kroboth (5)	*23.04.1968	† 14.05.1973	Im Grenzgewässer ertrunken

1974

Burkhard Niering (23)	*01.09.1950	† 05.01.1974	Bei einem Fluchtversuch erschossen
Johannes Sprenger (68)	*03.12.1905	† 10.05.1974	Bei einem Fluchtversuch erschossen
Giuseppe Savoca (6)	*22.04.1968	† 15.06.1974	Im Grenzgewässer ertrunken

1975

Herbert Halli (21)	*24.11.1953	† 03.04.1975	Bei einem Fluchtversuch erschossen
Cetin Mert (5)	*11.05.1970	† 11.05.1975	Im Grenzgewässer ertrunken
Herbert Kiebler (23)	*24.03.1952	† 27.06.1975	Bei einem Fluchtversuch erschossen
Lothar Hennig (21)	*30.06.1954	† 05.11.1975	Ohne Fluchtabsicht während einer Fahndungsaktion im Grenzgebiet erschossen

1977

Dietmar Schwietzer (18)	*21.02.1958 † 16.02.1977	Bei einem Fluchtversuch erschossen
Henri Weise (22)	*13.07.1954 † Mai 1977	Bei einem Fluchtversuch ertrunken

1980

Marienetta Jirkowsky (18)	*25.08.1962 † 22.11.1980	Bei einem Fluchtversuch erschossen

1981

Dr. Johannes Muschol (31)	*31.05.1949 † 16.03.1981	Als Westdeutscher im Grenzgebiet erschossen
Hans-Jürgen Starrost (25)	*24.06.1955 † 16.05.1981	Bei einem Fluchtversuch angeschossen und an den Schussverletzungen gestorben
Thomas Taubmann (26)	*22.07.1955 † 12.12.1981	Bei einem Fluchtversuch tödlich verunglückt

1982

Lothar Fritz Freie (27)	*08.02.1955 † 06.06.1982	Als West-Berliner im Grenzgebiet erschossen

1983

Silvio Proksch (21)	*03.03.1962 † 25.12.1983	Bei einem Fluchtversuch erschossen

1984

Michael Schmidt (20)	*20.10.1964 † 01.12.1984	Bei einem Fluchtversuch erschossen

1986

Rainer Liebeke (34)	*11.09.1951 † 03.09.1986	Bei einem Fluchtversuch ertrunken
René Gross (22)	*01.05.1964 † 21.11.1986	Bei einem Fluchtversuch erschossen
Manfred Mäder (38)	*23.08.1948 † 21.11.1986	Bei einem Fluchtversuch erschossen
Michael Bittner (25)	*31.08.1961 † 24.11.1986	Bei einem Fluchtversuch erschossen

1987

Lutz Schmidt (24)	*08.07.1962 † 12.02.1987	Bei einem Fluchtversuch erschossen

1989

Ingolf Diederichs (24)	*13.04.1964 † 13.01.1989	Bei einem Fluchtversuch tödlich verunglückt
Chris Gueffroy (20)	*21.06.1968 † 05.02.1989	Bei einem Fluchtversuch erschossen
Winfried Freudenberg (32)	*29.08.1956 † 08.03.1989	Bei einem Fluchtversuch mit einem Ballon tödlich verunglückt

DDR–Grenzsoldaten, die durch Fahnenflüchtige, Kameraden, Flüchtlinge, einen Fluchthelfer oder einen West-Berliner Polizisten getötet werden

1962

Jörgen Schmidtchen (20)	*28.06.1941 † 18.04.1962	Von einem fahnenflüchtigen NVA-Offiziersschüler erschossen, der ebenfalls getötet wurde
Peter Göring (21)	*28.12.1940 † 23.05.1962	Von einem Querschläger aus der Waffe eines West-Berliner Polizisten tödlich getroffen
Reinhold Huhn (20)	*08.03.1942 † 18.06.1962	Von einem West-Berliner Fluchthelfer erschossen
Günter Seling (22)	*28.04.1940 † 30.09.1962	Von einem Grenzsoldaten versehentlich erschossen

1963

Siegfried Widera (22)	*12.02.1941 † 08.09.1963	Von Flüchtlingen niedergeschlagen und den Verletzungen erlegen

1964

Egon Schultz (21)	*04.01.1943 † 05.10.1964	Von einem Grenzsoldaten versehentlich erschossen

1968

Rolf Henniger (26)	*30.11.1941 † 15.11.1968	Von einem flüchtenden Volkspolizisten erschossen, der ebenfalls getötet wurde

1980

Ulrich Steinhauer (24)	*13.03.1956 † 04.11.1980	Von einem fahnenflüchtigen Grenzsoldaten erschossen

**8
Die Mauer
in der Ära Honecker
(1971–1989)**

Die Mauer in der Ära Honecker

Die DDR wirkt in der Ära Honecker lange Zeit wirtschaftlich und politisch stabil. Doch der Schein trügt. Die Wirtschaft krankt. Die sowjetische Vormacht gerät in die Krise. Als Preis für ihre internationale Anerkennung geht die DDR die Verpflichtung zur Achtung von Menschenrechten ein – auf die sich immer mehr Menschen berufen, vor allem Ausreisewillige.

Am Beginn der Ära Honecker steht ein gewaltiges Sozial- und Konsumprogramm, das die Bevölkerung ruhig stellen soll. Ein Aufstand wie in Prag 1968 oder Arbeiterunruhen wie in Polen 1970 sollen sich in der DDR nicht wiederholen.

Nach dem VIII. SED-Parteitag im April 1971 werden die Löhne und Renten erhöht. Die Zahl der Urlaubstage steigt. Vollbeschäftigte berufstätige Mütter kommen in den Genuss sozialer Vergünstigungen. Neue Wohnungen werden gebaut; die Mieten bleiben unverändert niedrig. Die Preise für Grundnahrungsmittel werden eingefroren, ebenso für Energieverbrauch und den öffentlichen Nahverkehr. Während die Bundesrepublik 1974 / 75 in den Sog der Weltwirtschaftskrise gerät und mit Arbeitslosigkeit konfrontiert ist, holt die DDR allem Anschein nach wirtschaftlich auf: Ein bescheidener Wohlstand breitet sich aus.

Auf der Grundlage des Viermächteabkommens über Berlin vereinbaren beide deutsche Staaten Anfang der 1970er-Jahre in zahlreichen Folgeverträgen, den Reise- und Besucherverkehr von West nach Ost zu erleichtern, neue Grenzübergänge zu eröffnen und die Straßen- und Eisenbahnverbindungen ebenso zu verbessern wie den Post-, Paket- und Telefonverkehr. Nach Jahren der Trennung erhalten West-Berliner seit dem 3. Oktober 1972 die Möglichkeit, ein- oder mehrmals bis zu dreißig Tage im Jahr aus „humanitären, familiären, religiösen, kulturellen oder touristischen Gründen" die DDR einschließlich Ost-Berlins zu besuchen.

< Vorherige Seite: Todesstreifen zwischen Berlin-Mitte und Berlin-Wedding (Bernauer Straße), Mitte der 1980er-Jahre.

Die Zeit des Auseinanderlebens ist vorbei: 44 Millionen Reisen unternehmen West-Berliner bis Ende 1989 in die DDR und nach Ost-Berlin.

Im Dezember 1972 unterzeichnen die Bundesrepublik und die DDR den „Grundlagenvertrag", der zu „normalen und gutnachbarlichen Beziehungen" auf der Basis der Gleichberechtigung führen soll. Die Bundesrepublik erkennt die DDR als unabhängigen und selbstständigen Staat an und akzeptiert die Unverletzlichkeit ihrer Grenze. Unterschiedliche Auffassungen, wie sie etwa zur nationalen Frage bestehen, werden zurückgestellt.

„Erich, ich sage Dir ganz offen, vergiss das nie: die DDR kann ohne uns, ohne die SU, ihre Macht und Stärke – nicht existieren. Ohne uns gibt es keine DDR."

KPdSU-Generalsekretär Leonid Breschnew im Vieraugen-Gespräch mit Erich Honecker, dem designierten Nachfolger Ulbrichts, am 28. Juli 1970.

Die deutsch-deutsche Vertragspolitik beendet die außenpolitische Isolierung der DDR. Höhepunkt ihrer internationalen Anerkennung ist die Aufnahme in die Vereinten Nationen und die Teilnahme an der Konferenz über Sicherheit und Zusammenarbeit in Europa (KSZE) in Helsinki – gemeinsam mit der Bundesrepublik. Mit 34 weiteren Staaten unterzeichnet die DDR am 1. August 1975 das Abschlussdokument, in dem sich die Teilnehmerstaaten zu den Prinzipien des Gewaltverzichts, der Unverletzlichkeit der Grenzen und der Nichteinmischung in die inneren Angelegenheiten anderer Staaten in Europa, aber auch zur Achtung der Menschenrechte und Grundfreiheiten bekennen. Gewährt werden soll auch das Recht auf freie Wahl des Wohnsitzes.

Beton und Devisen

Die internationale Anerkennung stärkt das Selbstbewusstsein der SED-Führung. Die finanziellen Leistungen, die sie von der Bundesrepublik für „menschliche Erleichterungen" bezieht, füllen ihre Devisenkasse. Transit- und Postpauschale, Visa-Gebühren, Autobahnerneuerung und zusätzliche Grenzübergänge, der Zwangsumtausch bei DDR-Besuchen – all dies spült Milliarden-DM-Beträge in die DDR. Die Mauer verwandelt sich mehr und mehr in eine sprudelnde Devisenquelle. Zwischen 1975 und 1979 steigen die Einnahmen aus der Bundesrepublik für „humanitäre Leistungen" von knapp 600 Mio. DM auf 1,56 Mrd. DM an und bleiben in den Folgejahren auf diesem hohen Niveau. Die Einkünfte aus dem Häftlingsverkauf verdoppeln sich gegenüber den 1960er-Jahren; seit 1975 betragen sie jährlich zwischen 100 und 200 Mio. DM, in Spitzenjahren sogar mehr.

Sowenig die SED-Spitze diese Einkünfte missen möchte, sosehr fürchtet sie zugleich die ideologische Zersetzung der Bevölkerung durch Westbesuche, Westpakete und Westmedien, mit denen eine attraktivere Konsumwelt, freie Gedanken und unzensierte Nachrichten Einzug in die DDR halten. Von der Öffentlichkeit unbemerkt wird die Entspannungspolitik zum Auslöser der Expansion des MfS zu einem flächendeckenden Überwachungsapparat. Zwischen 1970 und 1980 verdoppelt sich die Zahl der Stasi-Mitarbeiter von etwa 40.000 auf rund 80.000.

Als besonderen Akt „gutnachbarlicher Beziehungen" befiehlt Erich Honecker 1972 die Einführung von Splitterminen (SM-70) an der innerdeutschen Grenze. Erfolgreich an Wild getestet, fügen die scharfkantigen Geschosse dieser elektrischen Selbstschussautomaten auch Menschen tödliche oder so schwere Verletzungen zu, dass sie die Grenze zumeist nicht mehr überwinden können. An der Berliner Grenze werden die Selbstschussautomaten nicht installiert – aus Furcht, dass die Wirkung der Minen von der Westseite aus dokumentiert werden könnte.

„Gutnachbarliche Beziehungen": Splitterminen – gefüllt mit 110 Gramm TNT und mehr als 100 Stahlwürfeln – gegen DDR-Flüchtlinge an der innerdeutschen Grenze, frühe 1980er-Jahre.

Splitterminen (SM-70) an der innerdeutschen Grenze:
An der Berliner Mauer werden die Minen nicht installiert – aus Furcht, dass ihre Wirkung vom Westen dokumentiert werden könnte.

Fluchthilfe mit gefälschten Visa: Mit selbst gefertigten Hilfsmitteln werden bulgarische Ein- und Ausreisestempel imitiert, um DDR-Bürgern mit präparierten bundesdeutschen Reisepässen zur Flucht zu verhelfen.

Hoffnungen der Ostdeutschen, dass die Mauer im Zuge der deutsch-deutschen Entspannungspolitik auch für sie in Richtung Westen durch-lässiger wird, erfüllen sich zunächst nicht. Mit der Einführung des pass- und visafreien Verkehrs nach Polen und in die ČSSR öffnet die SED-Führung lediglich ein Reiseventil Richtung Osten.

Nur Rentnern, deren wirtschaftliche Nutzbarkeit erschöpft ist, sind seit 1964 Reisen in den Westen erlaubt. DDR-Bürgern unterhalb des Renten-alters wird zwar 1972 die Möglichkeit eingeräumt, in „dringenden Familien-angelegenheiten" ihre Westverwandtschaft zu besuchen, die zulässigen Reisegründe sind jedoch auf Geburten, Eheschließungen, „runde" Ehe-jubiläen, lebensgefährliche Erkrankungen und Sterbefälle von west-deutschen Verwandten ersten Grades beschränkt. Voraussetzung einer Genehmigung ist einerseits die schriftliche Zustimmung der Arbeitsstelle, andererseits das Vorhandensein von Familienangehörigen, insbesondere von Kindern, die als Geiseln in der DDR zurückgelassen werden müssen.

Nur etwa 40.000 DDR-Bürgern jährlich wird bis 1982 die Erlaubnis zum Besuch ihrer Verwandten in der Bundesrepublik erteilt.

Angesichts der Perspektive, erst als Rentner die DDR verlassen zu können, versuchen nach wie vor viele Menschen zu fliehen. Auch die Fluchthilfe, die immer professioneller – und zugleich kommerzieller – geworden ist, erfährt durch das Transitabkommen vorübergehend neuen Aufschwung.

Doch mit der immer lückenloseren Überwachung der Transitstrecken, mit der Einschleusung von Spitzeln in die Fluchthilfegruppen und Anfang der 1980er-Jahre sogar mit Mordanschlägen auf Fluchthelfer gelingt es der Staatssicherheit, die organisierte Fluchthilfe einzudämmen.

33 Menschen zur Flucht verholfen: Hartmut Richter, wegen „Flucht-hilfe" 1975 zu 15 Jahren Haft verurteilt, 1980 von der Bundesrepublik freigekauft

Im Januar 1966 versucht der 18-jährige Hartmut Richter, über die tschechisch-österreichische Grenze in den Westen zu gelangen. Doch der Fluchtversuch scheitert. Der Abiturient, der das SED-Regime ablehnt, wird festgenommen und im Mai 1966 vom Kreisgericht Potsdam zu zehn Monaten Haft auf Bewährung verurteilt. Ein erneuter Fluchtversuch Ende August 1966 gelingt: Hartmut Richter schwimmt bei Dreilinden durch den Teltowkanal nach West-Berlin. Die Fluchterfahrung wird für ihn zum prägenden Erlebnis.

Bis 1972 reist Hartmut Richter als Schiffssteward durch die Welt. Als er nach West-Berlin zurückkehrt, tritt das Transitabkommen zwischen der Bundesrepublik und der DDR in Kraft. Es erleichtert die Möglichkeit, Flücht-linge aus der DDR in westdeutschen Fahrzeugen zu verstecken und über die Transitstrecken in den Westen zu bringen. Im gleichen Jahr darf der „Republikflüchtling" Hartmut Richter infolge einer Amnestie wieder in die DDR einreisen.

1973 bittet ihn ein Bekannter, für eine Freundin aus der DDR einen geeigneten Fluchthelfer zu suchen. Hartmut Richter beschließt, die Fluchthilfe selbst vorzunehmen: Sein Heimatort Glindow befindet sich unmittelbar an der Transit-Autobahn Hannover-Berlin, die fluchtwillige Frau soll ihn in einem Schuppen auf dem elterlichen Grundstück erwarten, wo er sie abholen und im Kofferraum seines Autos nach West-Berlin bringen will. Der Plan funktioniert, die Flucht der Frau gelingt.

Dieser ersten Fluchthilfe folgen weitere. Bald erkennt Hartmut Richter, der inzwischen ein Studium aufgenommen hat, dass sein Auftraggeber die Flucht-hilfe als Geschäft betrachtet und daran verdient. Das findet er zwar grund-sätzlich nicht anstößig, denn die Vorbereitung einer Flucht ist zeitaufwändig und das Risiko für den Fluchthelfer groß, doch die geforderten Geldbeträge erscheinen ihm unverhältnismäßig hoch, und er nimmt keine weiteren Aufträge entgegen. Stattdessen verhilft Hartmut Richter eigenständig

Freunden und Bekannten zur Flucht aus der DDR. Die Flüchtlinge holt er auf die bewährte Weise in Glindow oder an einer Bushaltestelle nahe Finkenkrug ab. Insgesamt 33 Menschen gelangen mit seiner Hilfe in den Westen.

In der Nacht vom 3. zum 4. März 1975 möchte Hartmut Richter seiner eigenen Schwester und deren Verlobten im Kofferraum seines Autos zur Flucht nach West-Berlin verhelfen. Am Grenzübergang Drewitz wird das Fahrzeug gestoppt, die Stasi führt eine Verdachtskontrolle durch. Beide Flüchtlinge und der Fluchthelfer werden festgenommen und im Potsdamer Stasi-Untersuchungsgefängnis inhaftiert.

Wegen „staatsfeindlichen Menschenhandels zum Zwecke, die DDR zu schädigen" verurteilt das Bezirksgericht Potsdam Hartmut Richter am 12. Dezember 1975 zur Höchststrafe von 15 Jahren Freiheitsentzug. Knapp fünf Jahre und sieben Monate später, am 2. Oktober 1980, wird Hartmut Richter aus der Haftanstalt Bautzen II freigekauft und in die „selbstständige politische Einheit Westberlin" entlassen.

Entdeckte Flucht: Die Stasi zwingt Fluchthelfer und Flüchtlinge zur Nachstellung des Fluchtversuchs in einer Garage, 3. / 4. März 1975.

Verwerflicher Menschenhandel oder humanitäre Aktion?

Für Gegenleistungen im Wert von rund 3,5 Milliarden DM erreicht die Bundesregierung zwischen 1964 und 1989 neben der Übersiedlung von 2.000 Kindern zu ihren Eltern und rund 250.000 Familienzusammenführungen die vorzeitige Freilassung von 33.755 Häftlingen. Ob der Häftlingsfreikauf eine humanitäre Aktion oder ein verwerflicher Menschenhandel war, ist bis heute umstritten.

Mehr als 70.000 Menschen werden DDR-weit zwischen 1960 und 1989 wegen Flucht-delikten zu Freiheitsstrafen verurteilt. Diejenigen, die vom Westen freigekauft werden, werden zumeist kurz vor ihrer Freilassung in das Stasi-Gefängnis von Karl-Marx-Stadt (Chemnitz) überführt und von dort per Bus in den Westen transportiert.

Zahlungen der Bundesregierung für den Freikauf politischer Häftlinge und für Familienzusammenführungen von 1964 bis 1990

Jahr	Freigekaufte politische Häftlinge	Familien- zusammenführungen	Zahlung (DM)
1964	884	–	37.918.901,16
1965	1.555	762	67.667.898,52
1966	407	393	24.805.316,38
1967	554	438	31.482.433,19
1968	693	405	28.435.444,15
1969	880	408	44.873.875,05
1970	888	595	50.589.774,55
1971	1.375	911	84.223.481,52
1972 *	731	1.219	69.457.704,26
1973	631	1.124	54.028.288,39
1974	1.053	2.450	88.147.719,74
1975	1.158	5.635	104.012.504,93
1976	1.439	4.734	30.003.535,00
1977	1.475	2.886	143.997.942,27
1978	1.452	3.979	168.363.141,86
1979	890	4.205	106.986.866,24
1980	1.036	3.931	130.015.131,77
1981	1.584	7.571	178.987.210,84
1982	1.491	6.304	176.999.590,94
1983	1.105	5.487	102.811.953,50
1984	2.236	29.626	387.997.305,12
1985	2.669	17.315	301.995.568,10
1986	1.450	15.767	195.009.307,73
1987	1.209	8.225	162.997.921,59
1988	1.048	21.202	232.096.191,43
1989	1.775	69.447	267.895.657,76
1990	–	–	65.000.089,13
Total	**33.755**	**215.019**	**3.436.800.755,12**

* Im Jahr 1972 werden weitere 2.087 Häftlinge in den Westen entlassen, die unter eine DDR-Amnestie fallen.

Der Zweite Kalte Krieg

Ende der 1970er-Jahre verschlechtern sich die Ost-West-Beziehungen – ein Zweiter Kalter Krieg setzt ein. Auslöser ist die Stationierung sowjetischer atomarer Mittelstreckenraketen in Europa. Als Antwort reagiert die Nato Ende 1979 mit einem Doppelbeschluss: Sie offeriert den Warschauer-Pakt-Staaten Abrüstungsgespräche – und kündigt gleichzeitig an, bei deren Scheitern ab Ende 1983 ebenfalls nukleare Mittelstreckenraketen in der Bundesrepublik, Großbritannien und Italien aufzustellen. Der Einmarsch der Sowjetunion in Afghanistan im Dezember 1979, die Verhängung des Kriegsrechts in Polen 1981 und der Abschuss einer zivilen Passagiermaschine der Korean Airlines durch sowjetische Abfangjäger Ende August 1983 verschärfen das Klima weiter. US-Präsident Ronald Reagan bezeichnet 1983 die Sowjetunion als das „Reich des Bösen" – und kündigt eine „Strategische Verteidigungs-Initiative" (SDI) an. Das milliardenschwere Forschungsprogramm für eine weltraumgestützte, nicht-nukleare Raketenabwehr soll die Sowjetunion militär- und finanzpolitisch in die Knie zwingen. Als der Deutsche Bundestag im Dezember 1983 die Stationierung neuer amerikanischer Mittelstreckenraketen billigt, bricht die sowjetische Führung alle internationalen Abrüstungsgespräche ab. Die Ost-West-Beziehungen sinken auf den Gefrierpunkt.

Beide deutsche Staaten versuchen in dieser Periode, die innerdeutschen Beziehungen von den wachsenden internationalen Spannungen abzukoppeln. Dafür gibt es ein gemeinsames Motiv: die Furcht vor einer nuklearen Auseinandersetzung, die vor allem Deutschland-Ost und -West als Hauptschlachtfeld mit atomarer Verwüstung bedroht – unabhängig vom unterschiedlichen politischen System. Darüber hinaus will die Bundesrepublik die menschlichen Erleichterungen, die sie der DDR in den zurückliegenden Jahren abgerungen – und abgekauft – hat, nicht aufs Spiel setzen.

Für die DDR wiederum geht es bereits um die Existenz: Der Konsumsozialismus der 1970er-Jahre beruht auf Pump. Steigende Militärausgaben, ein Kreditstopp des Westens und die Erweiterung von Embargomaßnahmen

„Von Stettin an der Ostsee bis nach Varna am Schwarzen Meer hatten die totalitär errichteten Regime mehr als 30 Jahre Zeit, Legitimität zu erlangen. Aber nicht ein einziges Regime war bis heute in der Lage, freie Wahlen zu riskieren. Regime, die auf Bajonetten beruhen, schlagen keine Wurzeln." Rede von US-Präsident Ronald Reagan vor dem House of Commons in London, 8. Juni 1982.

„Die USA orientieren sich auf eine Art ‚Kreuzzug' gegen die sozialistische Gemeinschaft. […] Eine derartig zügellose und aggressive Administration, wie die von Reagan, gab es in den USA noch nie." Leonid Breschnew zu Erich Honecker, 11. August 1982.

Für die DDR ist im I. Quartal 1982 die reale Gefahr der Zahlungsunfähigkeit gegeben.

Aus einem geheimen Stasi-Bericht, 25. Januar 1982.

verschärfen ihre ohnehin prekäre ökonomische Lage – wie auch die aller Ostblockstaaten. Hoch verschuldet steht die DDR 1981 – zusammen mit Polen, Ungarn und Rumänien – gegenüber dem Westen vor der Zahlungsunfähigkeit. Der weitere Zufluss von Devisen aus der Bundesrepublik ist für die SED-Führung deshalb überlebenswichtig. Von der sowjetischen Vormacht ist keine Hilfe zu erwarten, im Gegenteil: Erst stellt die Sowjetunion die Getreidelieferungen in die DDR ein, dann verringert sie die Erdöllieferungen und verweigert der DDR weitere Kredite – und schließlich fordert sie sogar Unterstützung: für Polen – und für sich selbst.

Auch die Sowjetunion steckt 1981 / 82 in einer tiefen wirtschaftlichen Krise. Deshalb entziehen sich Erich Honecker und sein ZK-Wirtschaftssekretär Günter Mittag dem totalen Konfrontationskurs gegenüber der Bundesrepublik, wie ihn der todkranke Breschnew im Sommer 1982 noch einmal von ihnen fordert.

Und sie werden dafür belohnt: Mit den beiden Milliardenkrediten aus der Bundesrepublik in den Jahren 1983 und 1984 und einer weiteren, hinter Häftlingsverkäufen und Postgebühren versteckten dritten Milliarde gelingt es, den drohenden wirtschaftlichen Kollaps und die dabei zu erwartenden inneren Unruhen abzuwenden und die DDR vorübergehend zu stabilisieren.

Der politische Preis, den die SED-Führung dafür zu zahlen bereit ist – zeitlich versetzt, um den direkten Zusammenhang zu verschleiern –, ist beträchtlich. Sie entfernt nicht nur die Minen an der innerdeutschen Grenze, sondern macht die Mauer durchlässiger – nunmehr für Besuchsreisen von DDR-Bürgern in den Westen. Außerdem werden 1984 in einer einmaligen Aktion nahezu alle vorliegenden Anträge auf eine ständige Ausreise nach Westdeutschland genehmigt.

Trotz internationaler Eiszeit: Deutsch-deutsches Treffen von Helmut Schmidt und Erich Honecker am Werbellinsee in der DDR, 11. bis 13. Dezember 1981.

Die Ausreisebewegung

Seit Mitte der 1970er-Jahre stellen jährlich zwischen 8.000 und 15.000 Menschen einen Antrag auf ständige Ausreise aus der DDR. Auf eine gesetzliche Grundlage können sie sich nicht berufen, stattdessen aber auf die KSZE-Schlussakte und weitere Völkerrechts-Konventionen, die auch die DDR zur Einhaltung der Menschenrechte verpflichten. Dazu gehört „Freizügigkeit" – das Recht, aus seinem Land auszureisen und wieder einzureisen.

Doch die Ausreisewilligen werden zumeist diskriminiert und kriminalisiert. Wer einen Ausreiseantrag stellt und bei Ablehnung durch die DDR-Behörden weiter darauf beharrt, „beeinträchtigt" die „staatliche und gesellschaftliche Tätigkeit" (DDR-StGB § 214). Wer Hilfe im Westen sucht – bei Verwandten, Freunden oder staatlichen Stellen –, betreibt „ungesetzliche Verbindungsaufnahme" (DDR-StGB § 219), wenn nicht sogar „landesverräterische Nachrichtenübermittlung oder Agententätigkeit" (DDR-StGB §§ 99, 100). Wer seine Ausreiseabsicht mit kritischen Hinweisen auf die politischen Verhältnisse in der DDR unterstreicht, wird der „öffentlichen Herabwürdigung" bezichtigt (DDR-StGB § 220). Wegen Verstoßes gegen diese Strafrechts-Paragraphen inhaftiert allein die Staatssicherheit bis 1989 weit mehr als 10.000 Menschen.

Im Jahr 1983 – nach dem KSZE-Folgetreffen in Madrid – veröffentlicht der DDR-Ministerrat erstmals eine Verordnung, die rein formal ein Antragsrecht auf „eine Wohnsitzänderung nach dem Ausland" gewährt, dieses aber auf Übersiedlungen zu Verwandten ersten Grades und Ehepartnern beschränkt. Die überwiegende Mehrheit der mittlerweile mehr als 30.000 Antragsteller kann sich darauf nicht berufen. Mancherorts schließen sich Ausreisewillige in Gruppen zusammen, andere wiederum besetzen Anfang 1984 die Botschaft der USA und die Ständige Vertretung der Bundesrepublik in Ost-Berlin. Die Westmedien greifen das Thema auf – die SED-Führung gerät unter Druck. Vor diesem Hintergrund – und den Milliardenkrediten aus der Bundesrepublik – lässt die SED-Führung im Frühjahr 1984 mehr als 20.000 Antragsteller in den Westen ziehen.

Die Hoffnung, sich damit des Ausreiseproblems für alle Zeiten entledigt zu haben, erfüllt sich jedoch nicht. Stattdessen wirkt die Massengenehmigung wie ein Sog. Die Zahl der Ausreiseanträge steigt sprunghaft an – auf mehr als 70.000 bis Ende 1986 und mehr als 100.000 im Jahr darauf.

Weil die Genehmigung der „Übersiedlungsersuche" restriktiv gehandhabt wird, wächst mit der Unzufriedenheit der Ausreisewilligen ihre Bereitschaft zu organisiertem und öffentlichem Protest. In Dresden demonstrieren 300 Ausreisewillige 1987 unter der Parole: „Erich gib den Schlüssel raus!" In Leipzig machen Hunderte Jugendliche während der Frühjahrsmesse auf die Verletzung ihres Grundrechts aufmerksam. Friedensgebete und Fürbittgottesdienste unter dem Dach der Kirchen werden in vielen Orten zum Ausgangspunkt von Protestaktionen gegen die Verweigerung des Ausreiserechts.

Die Staatssicherheit schlägt im Frühjahr 1988 vor, den Ausreisewilligen mit „Entschiedenheit und gebotener Härte" entgegenzutreten; die Gruppen sollten zerschlagen, die Initiatoren festgenommen und abgeurteilt werden. Von einer neuerlichen Erhöhung der Genehmigungen rät die Stasi entschieden ab; den „Feinden" werde dadurch Auftrieb gegeben und die Sogwirkung zur Ausreise weiter verstärkt.

Doch Honecker setzt sich über diese Vorschläge hinweg: Er öffnet erneut das Ausreiseventil. Im April 1988 weist er an, die Zahl der monatlichen Genehmigungen von bislang 1.000 auf 2.000 bis 3.000 Ausreisen zu erhöhen. Wieder geht das Kalkül nicht auf: Die Zahl der Antragsteller steigt. Im ersten Halbjahr 1989 legt der SED-Generalsekretär nach und genehmigt 6.000 Ausreisen pro Monat. „Jetzt muss langsam Schluss sein!", fordert er am 5. Juli 1989 entnervt – doch die Zahl der Ausreiseanträge erreicht mit 125.400 einen Rekordstand.

Weder mit Genehmigungen noch mit dem Einsatz disziplinierender, diskriminierender und offen repressiver Maßnahmen gelingt es der SED-Führung, den Kampf gegen die Ausreisebegehren zu gewinnen. Eine stetig wachsende Anzahl von Menschen ist bereit, für eine Ausreise in die Bundesrepublik mehrjährige Verfolgungsmaßnahmen bis hin zu Gefängnisstrafen in Kauf zu nehmen.

Antragsteller auf ständige Ausreise aus der DDR 1977 – 1989*

Jahr	Antragsteller (gesamt / erstmalig) (31.12. / jährlich)	Anträge (zurückgenommen / genehmigt) (jährlich / gesamt)
1977	– / 8.400	800 / 2.500
1978	– / 5.400	700 / 3.700
1979	– / 7.700	4.300 / 4.500
1980	21.500 / 9.800	4.700 / 3.600
1981	23.000 / 12.300	5.000 / 7.600
1982	24.900 / 13.500	6.500 / 6.300
1983	30.300 / 14.800	5.600 / 5.600
1984	50.600 / 57.600	17.300 / 27.500
1985	53.000 / 27.300	11.300 / 14.700
1986	78.600 / 50.600	10.800 / 14.500
1987	105.100 / 43.200	12.800 / 6.300
1988	113.500 / 42.400	11.700 / 24.200
1989 **	125.400 / 23.000	1.400 / 36.600

* Spalten auf Hundert gerundet. ** (30.6.)

„Klärung eines Sachverhalts" – Gisela Lotz, 1985 mit der gesamten Familie wegen Ausreiseanträgen zu Haftstrafen verurteilt, 1986 von der Bundesrepublik freigekauft.

Gisela und Kurt Lotz im Jahr der Ausreise-Antragstellung 1982.

Als ihre Eltern im Frühsommer 1961 in den Westen flüchten, ist Gisela Lotz 18 Jahre alt. Die gelernte Gärtnerin verspricht, bald nachzukommen. Doch ihr Versprechen kann sie nicht einlösen – der Mauerbau am 13. August 1961 verhindert es.

Gisela Lotz heiratet, gründet eine Familie und baut ein Haus in der Nähe von Potsdam. Sie bemüht sich immer wieder, eine Genehmigung zum Besuch der Eltern in Pforzheim zu erhalten, ohne Erfolg.

Im Februar 1982 stellen Gisela Lotz, ihr Mann und ihre beiden erwachsenen Söhne einen Antrag auf Familienzusammenführung und Übersiedlung in die Bundesrepublik. Der Antrag wird abgelehnt, 13 weitere ebenfalls.

Hilfe suchend wendet sich der Vater an Einrichtungen in der Bundes-republik. Über die jeweiligen Bemühungen informieren sich Vater und Tochter in ihren Briefen. Am Morgen des 15. August 1985 klingelt es bei Kurt und Gisela Lotz. Zwei Männer bitten sie mitzukommen zur „Klärung eines Sachverhalts". In der Annahme, es handele sich um die Ausreisegenehmigung, lassen sich die Eheleute nach Potsdam bringen. Die Fahrt endet im Stasi-Untersuchungsgefängnis. Erst nach stunden-langen Verhören begreift Gisela Lotz, dass sie zusammen mit ihrem Mann verhaftet worden ist – und ebenso die beiden Söhne, wie sie am Abend erfährt.

Strafzelle („Tigerkäfig") im Potsdamer Stasi-Untersuchungsgefängnis Lindenstraße 54 / 55.

Am 23. Dezember 1985 wird die Familie unter Ausschluss der Öffentlichkeit vor Gericht gestellt. Es ist das erste Wiedersehen seit der Verhaftung; eine Umarmung oder ein Händedruck wird ihnen verwehrt. Wegen „ungesetzlicher Verbindungsaufnahme" (§ 219 StGB) verhängt das Gericht über Kurt und Gisela Lotz Haftstrafen von 2 Jahren und 4 Monaten. Ein Sohn wird zu einer Haftstrafe von 1 Jahr und 8 Monaten, der andere zu 1 Jahr und 6 Monaten verurteilt. Die Männer müssen die Strafe in verschiedenen Haftanstalten antreten, Gisela Lotz im Frauen-Gefängnis Hoheneck.

Am 4. November 1986, nach mehr als 14 Monaten Haft, dürfen Gisela Lotz, ihr Mann und einer der Söhne aus der DDR ausreisen – freigekauft von der Bundesrepublik. Vier Wochen später darf der zweite Sohn ihnen nach Pforzheim folgen.

Grenzübergänge

Die Verantwortung an den Grenzübergängen teilen sich Grenztruppen, Staatssicherheit und Zoll. Für ihre militärische Sicherung, im Besonderen die Verhinderung von Grenzdurchbrüchen, sind die Grenztruppen zuständig. Sie stellen jedoch nur nominal den „Kommandanten" des Übergangs, denn der grenzüberschreitende Verkehr ist dem SED-Regime zu wichtig, um ihn den Grenztruppen mit ihrem ständig wechselnden Personal zu überlassen. Deshalb obliegt die Sicherung, Kontrolle und Überwachung des gesamten Reiseverkehrs einschließlich der Fahndung sowie der Realisierung von Festnahmen seit 1963 den Passkontroll-einheiten der Staatssicherheit, die jedoch getarnt in Uniformen der Grenz-truppen auftreten.

Die reine Sach- und Personenkontrolle schließlich führt die Zollverwaltung durch. Die Volkspolizei ist nicht direkt auf dem Grenzübergang präsent; sie hat aber deren unmittelbares Vorfeld, das sogenannte „freundwärtige Hinterland", von Störungen des Reiseverkehrs freizuhalten. Aufgrund zahlreicher Fluchtversuche werden die Grenzübergänge nach und nach zu lang gestreckten, beton- und stahlbewehrten Festungen ausgebaut: gleichermaßen gesichert gegen Schnellläufer und Durchbruchsversuche mit schwerer Technik.

Protestaktion auf der Ostseite des Grenzübergangs Bornholmer Straße, 7. Oktober 1988.

Harald Jäger, Oberstleutnant, stellvertretender Leiter der MfS-Passkontrolle am Grenzübergang Bornholmer Straße „Jeden Tag kamen DDR-Bürger bei uns an, die einfach sagten: „Wir wollen rüber!" Nachts vor allen Dingen. Es kamen Personen mit Kindern und sagten einfach, sie wollen ausreisen – ohne Visum und alles. Eigentlich war der Versuch keine Straftat, sondern nur eine Ordnungswidrigkeit. Anfangs haben wir sie belehrt und zurückgewiesen, später mussten wir die Bürger nach § 213 des Strafgesetzbuches wegen versuchten ungesetzlichen Grenzübertritts festnehmen."

Der „Tränenpalast" – Kontrollgebäude für Pass- und Zollabfertigungen am Bahnhof Friedrichstraße.

Grenzübergang Bahnhof Friedrichstraße

Aus dem früheren Berliner Verkehrsknotenpunkt ist seit dem 13. August 1961 ein Grenzbahnhof geworden – mitten in Ost-Berlin. Nur die Eingangshalle und der oberirdische Bahnsteig „C" sind normalen DDR-Bürgern zugänglich. Mauern und Sichtblenden trennen diesen Bahnsteig von den nördlichen Bahnsteigen „A" und „B", zu denen ausschließlich Westreisende Zutritt haben – ebenso wie zu den unterirdischen Nord-Süd-Linien der U- und S-Bahn. Der Zugang erfolgt durch ein Kontrollgebäude, in dem die Pass- und Zollabfertigung stattfindet: den sogenannten Tränenpalast, vor dem sich die West-Besucher von ihren Ost-Verwandten und Freunden verabschieden müssen. Der Bahnhof Friedrichstraße bietet der DDR ideale Bedingungen zur Einschleusung und Rückholung von Agenten. West-Berliner wiederum nutzen beim Aus- und Umsteigen gerne die DDR-Intershops, um sich mit zollfreien Zigaretten und Spirituosen einzudecken – und verhelfen der DDR damit zu dringend benötigten Deviseneinnahmen.

Monitor-Überwachungswand in der Stasi-Beobachtungszentrale im Bahnhof Friedrichstraße. Über 100 Fernkameras erfassen jeden Winkel.

In den Kontrollboxen wird ein Bild des Reisedokuments über eine Videoleitung in den
Fahndungsraum übertragen. Dort werden die Daten per Hand mit der Fahndungskartei
abgeglichen: einer maschinell erstellten Handkartei, in der rund 60–70.000 Personen
erfasst sind.

Grenzübergang Bornholmer Straße

Harald Jäger, Oberstleutnant, stellvertretender Leiter der MfS-Passkontrolle am Grenzübergang Bornholmer Straße „Bei dem West-Berliner oder westdeutschen Bürger muss man unterscheiden lernen, ob es einer ist, der uns wirklich feindlich gesonnen ist, oder ob er nur bei uns einreisen will, um Land und Leute kennen zu lernen oder einfach nur seine Verwandten zu besuchen. Und die ‚Negativen‘ und die ‚Feindlichen‘: Da müssen wir herausfinden, wer das ist. Schließlich stand es keinem auf der Stirn geschrieben, dass er ein Feind der DDR war. Wir versuchten, mit den Menschen, die bei uns einreisten, ins Gespräch zu kommen. Zum einen wollten wir wissen, was drüben los ist, und zum anderen etwas über sie erfahren. Manche waren gesprächig und haben sich mit uns unterhalten. Es gab auch welche, denen wir sympathisch waren. Soweit es die DDR-Bürger betraf, die in den West-teil reisten, handelte es sich in der Regel nur um Rentner. Die sind wegen der Versorgungslage bei uns rübergegangen, das war uns schon bewusst. Und dass die jungen DDR-Bürger nicht reisen durften, war für uns eigentlich auch klar. Erstmal gab es kein Westgeld. Unsere Währung war nicht konvertierbar, und wir hatten als Staat gar nicht das Geld dafür, alle Personen reisen zu lassen. Also war es für uns eine ökono-mische Notwendigkeit, dass die nicht reisen dürfen.“

Der Grenzübergang Bornholmer Straße ist im dicht besiedelten Ost-Berliner Bezirk Prenzlauer Berg gelegen. Die Mietwohnungen der Einwohnerschaft, überwiegend Arbeiter, reichen bis dicht an den Grenzübergang und die Sperranlagen heran.

Grenzübergang Glienicker Brücke

Die Glienicker Brücke verbindet Berlin und Potsdam. Ihr östlicher Teil liegt im Westen und ihr westlicher im Osten; die Grenze verläuft auf der Mitte der Brücke. Als Grenzübergang darf sie nach 1961 nur von alliiertem Militärpersonal oder mit Sondergenehmigung benutzt werden. Weltweite Berühmtheit erlangt die Glienicker Brücke durch den Agentenaustausch zwischen den USA und der Sowjetunion: Am 10. Februar 1962 wird der US-Pilot Francis Gary Powers gegen den sowjetischen Top-Spion Rudolf Iwanowitsch Abel ausgetauscht. Powers war am 1. Mai 1960 mit einem U2-Aufklärungsflugzeug über der Sowjetunion abgeschossen worden; Abel hatte in New York neun Jahre lang für den sowjetischen Geheimdienst spioniert, als er 1957 inhaftiert wurde. Am 12. Juni 1985 überschreiten 23 West- und 4 Ost-Agenten in entgegengesetzter Richtung die Brücke. Am 11. Februar 1986 werden auf westlicher Seite der sowjetische Bürgerrechtler Anatolij Schtscharanski und drei in der DDR bzw. der ČSSR inhaftierte Spione in Empfang genommen; im Gegenzug wechseln fünf im Westen inhaftierte Agenten aus der ČSSR, Polen und der Sowjetunion die Brücke in Richtung DDR.

Grenzübergang Glienicker Brücke, Blick von West-Berlin, 1980er-Jahre.

Die Glienicker Brücke zwischen West-Berlin und Potsdam: Der Grenzübergang wird ausschließlich von alliiertem Militärpersonal und seit 1985 von Diplomaten genutzt. < Ost / West >

Höhepunkt des Kalten Krieges: In einem Krankenwagen wird der getötete US-Major Arthur D. Nicholson am 25. März 1985 über die Glienicker Brücke nach West-Berlin überführt. Nach amerikanischen Angaben befand er sich auf einer Dienstfahrt von Berlin nach Hamburg; sowjetischen Angaben zufolge wurde Nicholson erschossen, als er sowjetische Militäreinrichtungen fotografierte.

Versteckt installierte Gammastrahler an den Berliner Grenzübergängen

Seit 1979/80 wird in Drewitz und an allen anderen Grenzübergängen mit radioaktiver Strahlung nach Flüchtlingen gefahndet. PKW und LKW werden mit versteckt installierten Gammastrahlern durchleuchtet. Verbunden mit elektronischen Rechnern erzeugen sie ein Monitorbild, auf dem Insassen – und verborgene Personen – als Schatten sichtbar werden. Nach 1990 wird erregt die Frage diskutiert, ob durch die Strahlen Menschen gefährdet oder geschädigt wurden. Die Strahlenschutzkommission kommt zu dem Ergebnis, dass das Vorgehen der DDR-Behörden zwar Strahlenschutz-Grundsätzen widersprach, die Durchleuchtungen jedoch zu „keiner gesundheitlich bedenklichen Dosis" führten.

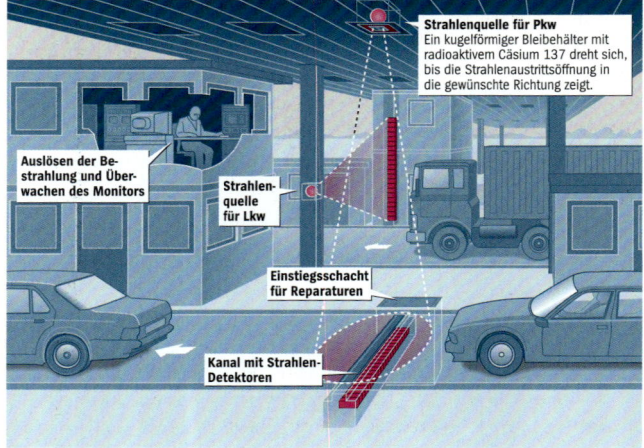

Seit 1979/80 wird in Drewitz und an allen anderen Grenzübergängen mit radioaktiver Strahlung nach Flüchtlingen gefahndet.

Fluchten in den 1980er-Jahren

In den 1980er-Jahren ist das Netz der Überwachung und Bespitzelung so dicht, dass von den jährlich 1.000 bis 2.000 Fluchtvorhaben insgesamt über 90 Prozent schon im Planungsstadium verraten und vereitelt werden. Lediglich fünf bis acht Prozent aller Fluchten verlaufen erfolgreich.

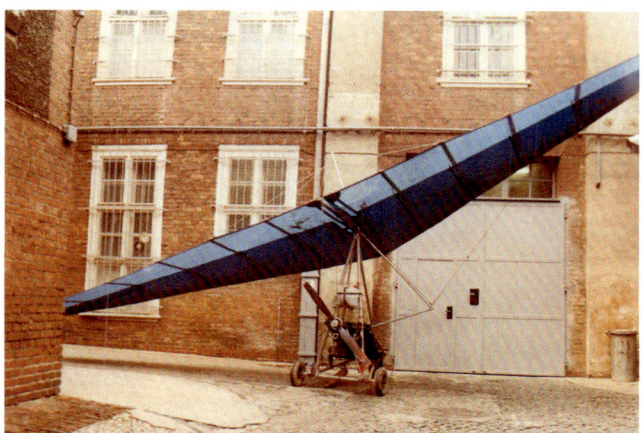

20. Dezember 1986: Gescheiterte Flucht mit einem Fluggleiter

Mit einem selbstgebauten, motorgetriebenen Fluggleiter startet ein 37-jähriger passionierter Drachenflieger am Abend des 20. Dezember 1986 in der Nähe von Potsdam einen Fluchtversuch. Schlechte Sichtverhältnisse, Orientierungsschwierigkeiten und die Kälte zwingen den Werkzeugmacher zur Landung – zurück auf dem Boden der DDR. Hinweise von Einwohnern mehrerer Orte, die den Flug beobachtet haben, führen zu seiner Verhaftung.

Auf dem Hof des Potsdamer Stasi-Gefängnisses wird der Fluggleiter zusammengebaut und als „Beweismittel" fotografiert.

15. Juli 1987: Gelungene Flucht mit einem Motorflugzeug

Der 18-jährige Thomas K. unterfliegt bei seinem zweiten Alleinflug von einem Flugplatz südlich von Potsdam am 15. Juli 1987 sämtliche Radar-kontrollen und landet auf dem britischen Militärflughafen in West-Berlin. Sein Motiv: „Unzufriedenheit mit dem politischen System der DDR"; er möchte zu Verwandten in die Bundesrepublik. Britische Militärange-hörige übergeben der DDR das zerlegte einmotorige Flugzeug am 5. August 1987 an der Glienicker Brücke.

9. Dezember 1987: Gescheiterte PKW-Flucht auf der Glienicker Brücke

Der 22-jährige Axel D. und der 27-jährige Bernd S. versuchen am
9. Dezember 1987 mit einem PKW Marke „Wolga M 21" die Sperranlagen auf der Glienicker Brücke zu durchbrechen. Bernd S. hat ohne
Erfolg einen Ausreiseantrag gestellt. Der PKW prallt gegen das ge-
schlossene Eingangstor der Militärspur, reißt den Torflügel heraus, wird
dabei an den Torpfeiler geschleudert und kommt bereits am ersten
Hindernis zum Stehen. Axel D. und Bernd S. werden festgenommen.

10. März 1988: Erste gelungene Flucht über die Glienicker Brücke

Mit einem Lastwagen gelingt zum ersten Mal drei jungen Männern – Gotthard Ihden, Bernd Puhlmann und Werner Jäger – eine Flucht über die Glienicker Brücke. Der 7,5-Tonnen-Laster, als „Gefahrgut-Transporter" getarnt und mit 92 leeren Gasflaschen beladen, durchbricht vier Hindernisse: das Eingangstor, einen Sperrschwenkbaum, einen Schlagbaum und ein Stahltor. Schüsse fallen nicht. „Ich habe es aus Liebe getan", berichtet einer der Flüchtlinge, der seiner Ehefrau in den Westen folgt. „Das war für mich kein Abenteuer, sondern ein Himmelfahrtskommando. Ich habe mir vorher nur fünf Prozent Überlebenschancen ausgerechnet."

Gescheiterte Flucht eines 27-jährigen Elektrikers mit einem PKW Marke „Skoda" am Grenzübergang Mahlow nach Berlin-Lichtenrade, 29. Juni 1989

Am 29. Juni 1989 scheitert gegen 22.00 Uhr der Fluchtversuch eines 27-jährigen Elektrikers aus Wiederau im Kreis Herzberg. In seinem PKW Marke „Skoda" nähert er sich mit Schrittgeschwindigkeit und abgeblendetem Licht vorschriftsmäßig dem Grenzübergang Mahlow.

Dann beschleunigt er und durchbricht den ersten Schlagbaum. Die Grenzer lösen Alarm aus und schließen alle Sperranlagen. Dennoch gelingt es dem 27-Jährigen, zwei weitere Schlagbäume zu durchfahren. Mit 70 Stundenkilometern prallt er schließlich auf einen Sperrschlagbaum auf.

Das Fahrzeug wird im Frontbereich zertrümmert, der Fahrer schwer verletzt in das Armeelazarett Potsdam eingeliefert und der Stasi-Bezirkverwaltung überstellt.

Gorbatschow und Reagan – Honecker und Kohl

Mit dem Machtantritt von Michail Gorbatschow als KPdSU-Generalsekretär im März 1985 endet die Eiszeit im Verhältnis zu den USA. Die Sowjetunion befindet sich in einer tiefen wirtschaftlichen und gesellschaftlichen Krise. Gorbatschows neue Außenpolitik ist auf Konfliktreduzierung und den Stopp des Wettrüstens orientiert, um die sowjetischen Militärausgaben zu begrenzen. Ohne eine Reduzierung der Rüstungslasten, so seine Überzeugung, hat die von ihm eingeleitete Politik der Erneuerung in der Sowjetunion („Perestroika") kaum Aussichten auf Erfolg.

Die Reagan-Administration ist zunächst skeptisch, ob sich Gorbatschow tatsächlich nicht nur im Alter von seinen Vorgängern unterscheidet. Doch nach kurzer Zeit kommen die amerikanisch-sowjetischen Abrüstungsverhandlungen in Schwung. Schon bei ihrem zweiten Treffen diskutieren Reagan und Gorbatschow 1986 in Reykjavik, wenn auch noch ohne Einigung, über den Abbau aller atomaren Mittelstreckenraketen in Europa, sogar über eine weitgehende Abschaffung aller Nuklearwaffen. Im Dezember 1987 unterzeichnen beide Staatschefs schließlich einen Vertrag zur Beseitigung der Mittelstreckenraketen (INF) innerhalb von drei Jahren. Reagan knüpft die Ratifizierung des Vertrages an den sowjetischen Rückzug aus Afghanistan. 1990 spricht der US-Präsident über seine Beziehung zu Gorbatschow von einer „Freundschaft zwischen zwei Männern".

In Moskau und Washington hat der deutsch-deutsche Sonderweg in der Zeit des Zweiten Kalten Krieges gleichermaßen zu Zweifeln an der Zuverlässigkeit des jeweiligen deutschen Bündnispartners geführt. So zeigt sich die Reagan-Administration 1987 über die deutsch-deutsche Annäherungspolitik besorgt. Sie traut den Westdeutschen offenbar zu, sich selbst für kleinere Zugeständnisse etwa im Besucherverkehr dauerhaft mit der Mauer zu arrangieren und grundlegende Prinzipien wie den Viermächtestatus von Berlin oder freiheitliche Wertvorstellungen bis hin zur Wiedervereinigung zu‐ Disposition zu stellen. Für September 1987 steht ein Staatsbesuch von Erich Honecker in Bonn bevor, selbst nach West-Berlin hat der Regierende Bürgermeister Eberhard Diepgen den SED-General-sekretär anlässlich des 750. Stadtjubiläums eingeladen. Auffällig hält sich der Senat im Februar 1987 – wie schon einmal Ende 1986 – mit Protesten gegen Todesschüsse an der Mauer zurück; möglicherweise um seine Einladungspolitik nicht zu gefährden. Es sind amerikanische Dienststellen, die im März 1987 die Öffentlichkeit darüber informieren, dass ein DDR-Flüchtling im Februar bei einem Fluchtversuch nach West-Berlin erschossen wurde: der 24-jährige Lutz Schmidt. Im Vorfeld des Reagan-Besuchs in Berlin warnt Washington den Regierenden Bürgermeister, gegenüber der Sowjetunion und der DDR nicht „zu weich" zu sein.

„Unter dem Druck wirtschaftlicher Probleme, könnte [Ost-] Berlin versucht sein, sich in die Arme der BRD zu werfen."

Michail Gorbatschow am 27. März 1986 im KPdSU-Politbüro.

Gorbatschow wiederum traut Erich Honecker nicht. „Unter dem Druck wirtschaftlicher Probleme", wirft er am 27. März 1986 im KPdSU-Polit-büro ein, „könnte [Ost-]Berlin versucht sein, sich in die Arme der BRD zu werfen." Der SED-Generalsekretär geht zunächst versteckt, dann immer offener auf Distanz zur Politik der „Perestroika". Reformen in der DDR hält er für überflüssig, betrachtet sie vielmehr als Gefahr für den Sozialismus.

Spitzendiplomatie in den 1980er-Jahren. Vier Staatsmänner – fünf Begegnungen:
Zum sechsten Treffen – einem Wunschtraum von Erich Honecker – kommt es nicht.
Links: Reagan (USA) und Gorbatschow (UdSSR), Oktober 1986; Kohl (Bundesrepublik
Deutschland) und Reagan, Juni 1987; Honecker (DDR) und Kohl, September 1987.
Oben: Kohl und Gorbatschow, Juni 1989; Gorbatschow und Honecker, Oktober 1989.

Noch zeigt Gorbatschow sein Misstrauen nicht öffentlich. Bei einer Besichtigung der Sperranlagen am Brandenburger Tor im April 1986 hält er im Gästebuch fest: „Am Brandenburger Tor kann man sich anschaulich davon überzeugen, wie viel Kraft und wahren Heldenmut der Schutz des ersten sozialistischen Staates auf deutschem Boden vor den Anschlägen des Klassenfeindes erfordert." Doch im Vieraugengespräch äußert sich Gorbatschow kritisch über die „gewisse Zurückhaltung" Honeckers gegenüber dem sowjetischen Reformkurs, beschwert sich gar, die DDR halte vieles vor der Sowjetunion geheim – vor allem ihre hohe Westverschuldung.

Was Honecker am meisten verstört, sind die neuen Prinzipien für die Zusammenarbeit im Warschauer Pakt, die Gorbatschow Ende 1986 verkündet: „Selbstständigkeit jeder Partei, ihr Recht auf souveräne Entscheidung über die Entwicklungsprobleme ihres Landes, ihre Verantwortung gegenüber dem eigenen Volk." Das bedeutet das Ende der Breschnew-Doktrin, mit der sich die Sowjetunion das Recht vorbehielt, militärisch einzugreifen, wenn sie in einem der verbündeten Ostblockstaaten den Sozialismus gefährdet sah. Die SED-Führung kann nicht länger mit der Unterstützung sowjetischer Panzer rechnen, wenn ihre Macht in Frage gestellt wird. Honecker fühlt sich und die DDR zunehmend von der Vormacht verraten. Sein Verhältnis zu Gorbatschow wird immer gespannter.

Vom 7. bis 11. September 1987 besucht Honecker die Bundesrepublik und wird mit allen Ehren eines Staatsoberhauptes empfangen. Der Höhepunkt der politischen Anerkennung der DDR scheint erreicht. Doch zu einem Durchbruch wird der West-Besuch weder für die SED-Führung noch für die Bevölkerung der DDR. Honecker muss sich anhören – mit versteinerter Miene –, wie Bundeskanzler Helmut Kohl und der bayerische Ministerpräsident Franz Josef Strauß die Verletzung der Menschenrechte in der DDR und vor allem den Schießbefehl anprangern. Veränderungen in der DDR signalisiert der SED-Chef nicht.

Siehe auch: www.chronik-der-mauer.de > Chronik > 1987 > 7.–11. September

„Es ist offensichtlich, dass Gewalt und die Androhung von Gewalt nicht länger ein Instrument der Außenpolitik sein können und sein sollten. [...] Die Freiheit der Wahl ist ein universelles Prinzip, von dem es keine Ausnahmen gibt."

Rede von KPdSU-Chef Michail Gorbatschow vor der UN-Vollversammlung in New York, 7. Dezember 1988.

Nach dem Treffen reduziert Bonn die Beziehungen zu Ost-Berlin auf das diplomatisch Erforderliche und vor allem Unverbindliche. Die Umsätze im innerdeutschen Handel gehen zurück. Nur das Humanitäts-Geschäft blüht noch: Weitere Reiseerleichterungen für DDR-Bürger in den Westen vergilt die Bundesregierung im Mai 1988 mit einer Anhebung der Transitpauschale von 525 auf 860 Millionen DM – für die Jahre von 1990 bis 1999. Die Zahl der Besuchsreisen in den Westen steigt 1987 und 1988 steil an – doch jede Ablehnung – und das betrifft Hunderttausende – vergrößert das Heer der Unzufriedenen in der DDR. Im Rückblick offenbaren die beiden Jahre vor 1989 einen tiefgreifenden Wandel: Die deutsch-deutschen Beziehungen stagnieren, die Kluft zwischen Ost-Berlin und Moskau vertieft sich, das Verhältnis der Sowjetunion zu den USA und zur Bundesrepublik dagegen verbessert sich entscheidend.

„Ewiges Andenken an die Grenz-soldaten, die ihr Leben für die sozialistische DDR gegeben haben."

KPdSU-Generalsekretär Michail Gorbatschow am Brandenburger Tor, 16. April 1986. 18 Jahre später sagt er zu deutschen Schülern: „Wenn ich mich an die Mauer in Berlin erinnere, spüre ich heute noch Entsetzen über dieses Bauwerk."

„Herr Gorbatschow, öffnen Sie dieses Tor, reißen Sie diese Mauer nieder!"

Panzerglas, schusssichere Weste, 20.000 handverlesene West-Berliner: US-Präsident Ronald Reagan am Brandenburger Tor, 12. Juni 1987.

SED-Politbüro breitet sich Agonie aus: 1988 ist für die Partei- und Staatsführung das Offenbarungsjahr für das Scheitern des Konsumsozialismus. Um die Bevölkerung zu befrieden, wurde zu Lasten der Industrie die Substanz verzehrt: Ganze Industriezweige sind verrottet, der Altbaubestand und die Infrastruktur verfallen, die Umweltschäden unübersehbar, die Westverschuldung nicht mehr beherrschbar – und dennoch ist die Versorgung mit Lebensmitteln und Konsumgütern so unzureichend, dass die Staatssicherheit vor der sich verschlechternden Stimmung der Bevölkerung warnt. „Wir müssen den Zusammenbruch verhindern", fordert Honecker bereits im Juni 1988 im Politbüro. Und in einem kleinen Kreis von Wirtschaftsexperten orakelt ZK-Wirtschaftssekretär Günter Mittag im November 1988 düster: „So, wie es jetzt ist, geht es an den Baum, Totalschaden!"

„Die Mauer wird so lange bleiben, wie die Bedingungen nicht geändert werden, die zu ihrer Errichtung geführt haben. Sie wird in 50 und auch in 100 Jahren noch bestehen bleiben."

„[…] Das ist schon erforderlich, um unsere Republik vor Räubern zu schützen, ganz zu schweigen vor denen, die gern bereit sind, Stabilität und Frieden in Europa zu stören. Die Sicherung der Grenze ist das souveräne Recht eines jeden Staates, und so auch unserer DDR."

Erich Honecker, Rede auf einer Tagung des Thomas-Müntzer-Komitees, 19. Januar 1989.

9
Der Fall der Mauer

Der Fall der Mauer

„Die Mauer wird ... so lange bleiben, wie die Bedingungen nicht geändert werden, die zu ihrer Errichtung geführt haben", erklärt Erich Honecker Mitte Januar 1989; sie werde „in 50 und auch in 100 Jahren noch bestehen". Doch diese Bedingungen, erfährt die SED-Führung bald, werden zunehmend in Frage gestellt; von außen und innen wächst der Zwang zu Veränderungen.

Gorbatschow entlässt die Warschauer-Pakt-Staaten zunehmend in die Selbstständigkeit. Polen und Ungarn leiten als erste demokratische Reformen ein. Im Januar 1989 unterschreiben mit der Sowjetunion auch alle ihre Verbündeten das Wiener KSZE-Abkommen. Darin verpflichten sie sich, das Recht eines jeden, aus seinem Land aus- und wieder einzureisen, nicht nur zu respektieren, sondern gesetzlich zu garantieren.

Mehr als 100.000 Menschen warten Anfang 1989 in der DDR auf die Genehmigung ihres Ausreiseantrags; immer mehr fordern ihr Recht auf Ausreise jetzt auch öffentlich ein, wie in Leipzig auf Kundgebungen und Demonstrationen. Seit dem Vorjahr hat die Zahl der Fluchtversuche deutlich zugenommen; nach wie vor fallen Schüsse auf wehrlose Flüchtlinge. Am 5. Februar wird der 20-jährige Chris Gueffroy bei einem Fluchtversuch über die Berliner Mauer erschossen. Einen Monat später überwindet der 32-jährige Winfried Freudenberg mit einem selbst gebastelten Heißluftballon die Mauer, stürzt jedoch über West-Berlin ab und kommt zu Tode. Internationale Proteste zeigen endlich Wirkung. „Lieber einen Menschen abhauen lassen, als in der jetzigen politischen Situation die Schusswaffe anzuwenden", gibt Honecker am 3. April als Parole aus – und hebt klammheimlich den Schießbefehl auf.

< Vorherige Seite: Mauerdurchbruch am Grenzübergang Bornholmer Straße, 9. November 1989.

Chris Gueffroy, am 5. Februar 1989 von Grenzsoldaten erschossen

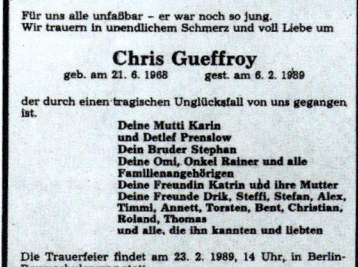

Für uns alle unfaßbar – er war noch so jung.
Wir trauern in unendlichem Schmerz und voll Liebe um

Chris Gueffroy

geb. am 21. 6. 1968   gest. am 6. 2. 1989

der durch einen tragischen Unglücksfall von uns gegangen ist.

Deine Mutti Karin
und Detlef Prenslow
Dein Bruder Stephan
Deine Omi, Onkel Rainer und alle
Familienangehörigen
Deine Freundin Katrin und ihre Mutter
Deine Freunde Drik, Steffi, Stefan, Alex,
Timmi, Annett, Torsten, Bent, Christian,
Roland, Thomas
und alle, die ihn kannten und liebten

Die Trauerfeier findet am 23. 2. 1989, 14 Uhr, in Berlin-Baumschulenweg statt.

Obwohl die DDR-Behörden alles versuchen, um den Tod von Chris Gueffroy zu verheimlichen, gelingt es seinem Bruder, in der „Berliner Zeitung" vom 21. Februar 1989 eine Todesanzeige für ihn aufzusetzen, in der auf einen „tragischen Unglücksfall" am 6. Februar Bezug genommen wird. Die Westmedien bringen den Toten dadurch in Verbindung mit den damaligen Schüssen an der Grenze. Unter großer Anteilnahme wird Chris Gueffroy am 23. Februar 1989 auf dem Friedhof Baumschulenweg in Berlin-Treptow beigesetzt. Unter den Augen der Staatssicherheit geben ihm weit über 100 Menschen das letzte Geleit. Trotz umfangreicher Kontrollmaßnahmen der Staatssicherheit gelingt es einigen West-Korrespondenten in der DDR, an der Beerdigung teilzunehmen und darüber zu berichten.

Noch am selben Tag wird auf der West-Berliner Seite des Teltowkanals in Neukölln ein Mahnkreuz zum Gedenken an Chris Gueffroy errichtet. Mitglieder oppositioneller Gruppen in der DDR machen die Ermordung von Chris Gueffroy in einem „offenen Brief an die Bevölkerung der DDR" bekannt. Dass der Mord noch vom Begräbnisredner als „tragischer Unglücksfall" bezeichnet wurde, zeige den Zustand der Lüge, in dem sich die DDR befinde, in besonders beschämender Weise auf.

8. April 1989: Gescheiterter Fluchtversuch am Grenzübergang Chausseestraße

Am 8. April 1989, fünf Tage nach der heimlichen Aufhebung des Schießbefehls, vereitelt ein Stasi-Passkontrolleur am Grenzübergang Chausseestraße mit einem Schuss die Flucht von Bert G. und Michael B. Die beiden
werden festgenommen und zu 22 bzw. 20 Monaten Haft verurteilt. Erst
jetzt wird auch die Stasi instruiert, auf Flüchtlinge nicht mehr zu schießen.

„Lieber einen Menschen abhauen lassen, als in der jetzigen politischen Situation die Schusswaffe anzuwenden."

Diese Parole gibt Erich Honecker am 3. April 1989 aus – und hebt klammheimlich
den Schießbefehl auf.

Bert G., einer der beiden Flüchtlinge, 1993 „Ich sah das Mündungs-
feuer aufblitzen. Er hätte mich eigentlich mitten zwischen die Augen
treffen müssen. Es ist ein Wunder, dass ich lebe. Die Kugel muss haar-
scharf an meinem Kopf vorbeigepfiffen sein."

Das erste Loch in der Mauer: Ungarische Grenzsoldaten demontieren den Stacheldraht-
zaun zu Österreich, Mai 1989.

2. Mai 1989: Abbau des „Eisernen Vorhangs" in Ungarn

Am 2. Mai 1989 beginnen ungarische Grenzsoldaten demonstrativ mit
dem Abbau des „Eisernen Vorhangs" zu Österreich. Flüchtende DDR-
Bürger werden jedoch weiter verhaftet und ausgeliefert. Mit Beginn der
Sommerferien besetzen ausreisewillige Ostdeutsche die Ständige Vertretung in Ost-Berlin und die bundesdeutschen Botschaften in Warschau,
Prag und Budapest; Tausende, zumeist Jugendliche, treten ihren Urlaub
nach Ungarn mit der Absicht an, nicht mehr in die DDR zurückzukehren,
sondern über Österreich in die Bundesrepublik auszureisen. Budapest
verwandelt sich in ein Flüchtlingslager. Am 10. September kündigt die
ungarische Regierung der SED ihre Rolle als Hilfs-Grenzpolizei auf. Sie
öffnet nun auch DDR-Bürgern die Grenze zu Österreich. Die Sowjetunion
hält still, hilft der DDR nicht mehr.

Siehe auch: www.chronik-der-mauer.de > Chronik > 1989 > Mai

Die Reaktion: Junges DDR-Paar auf dem Weg in ein Flüchtlingslager in Budapest, September 1989.

Ausreisewillige DDR-Bürger besetzen Ende September 1989 die Botschaft der Bundesrepublik in Prag.

30. September und 4. Oktober 1989: In verriegelten Zügen werden mehr als 10.000 Prager Botschaftsbesetzer über das Territorium der DDR in die Bundesrepublik transportiert.

Massenausreise und Massenprotest

Die Massenausreise wird zur Voraussetzung und Bedingung des sich entfaltenden Massenprotests. Am 18. September sind es in Leipzig bereits hunderte von Demonstranten, die im Anschluss an ein Friedensgebet in der Nikolaikirche auf die Straße gehen. Oppositionelle, die sich bis dahin im Privaten trafen oder unter dem Schutz der Kirche arbeiteten, wagen es nun, unabhängige politische Gruppen wie das Neue Forum, Demokratie Jetzt und den Demokratischen Aufbruch zu gründen. Für den 7. Oktober wird die Gründung einer Sozialdemokratischen Partei (SDP) vorbereitet. Die Stasi bekämpft die Opposition, die SED schweigt sie tot; über die Westmedien erreicht die Bürgerbewegung mit ihren Forderungen nach Reformen dennoch die Bevölkerung.

Mit der Ausreise über Ungarn bröckelt die Mauer, doch noch findet die SED Unterstützung in Prag. Die tschechoslowakische Regierung verschärft die Kontrollen für DDR-Bürger an ihrer Grenze zu Ungarn. In der Folge halten sich Ende September über 10.000 DDR-Bürger in der Botschaft der Bundesrepublik in Prag auf, um ihre Ausreise in die Bundesrepublik zu erzwingen. Am 30. September gibt Honecker nach und lässt die Botschaftsflüchtlinge ziehen.

„Wir weinen ihnen keine Träne nach.“

Neues Deutschland (Zentralorgan der SED), 2. Oktober 1989.

Staatsfeierlichkeiten zum 40. Jahrestag der DDR mit den Parteiführern des Ostblocks als Ehrengästen: „Gorbi, hilf uns!", schallt es dem sowjetischen Parteichef Michail Gorbatschow entgegen. Ost-Berlin, 7. Oktober 1989.

Der Handlungsspielraum der SED-Spitze schrumpft immer mehr auf die Alternative, entweder politische Reformen – mit ungewissem Ausgang – einzuleiten oder aber eine „zweite Mauer" an den Grenzen zur ČSSR und zu Polen zu errichten und Demonstrationen gegebenenfalls gewaltsam nieder-zuschlagen. Die Schließung der Grenze zur ČSSR am 3. Oktober 1989 und die Gewalteinsätze gegen Demonstranten während der Staatsfeierlichkeiten zum 40. Jahrestag der DDR weisen in die zweite Richtung. Am Abend des 9. Oktober 1989 droht in Leipzig eine „chinesische Lösung". Honecker und Mielke geben den Befehl, „Zusammenrottungen" und „Krawalle" zu unter-binden. Doch zu viele Menschen gehen auf die Straße. Am Ende kapituliert die Staatsmacht vor 70.000 friedlichen Demonstranten.

Siehe auch: www.chronik-der-mauer.de > Chronik > 1989 > Oktober > 7. / 8. / 9.

„Wir sind das Volk!"

9. Oktober 1989: „Tag der Entscheidung"

70.000 Menschen demonstrieren in Leipzig friedlich für Reformen. Obwohl die DDR-Sicherheitsbehörden die Verhinderung der Demonstration geplant und, falls dies nicht möglich ist, ihre Zerschlagung und die Verhaftung der „Rädelsführer" stabsmäßig geübt haben, greift die Staatsmacht nicht ein. Die unerwartet große Zahl der Demonstranten bricht den Handlungswillen der Sicherheitsorgane. – Auch in Halle und in Magdeburg beteiligen sich mehrere tausend Menschen an Demonstrationen.

Die „Wende"

Am 17. Oktober 1989 wird Erich Honecker im Politbüro gestürzt.

Sein Nachfolger Egon Krenz kündigt eine „Wende" an. Hauptproblem der SED-Führung wird immer mehr die wirtschaftliche Situation in der DDR. Zusammen mit Devisenbeschaffer Alexander Schalck-Golodkowski und drei weiteren Ökonomen legt Planungschef Gerhard Schürer dem Politbüro am 31. Oktober eine Analyse zur ökonomischen Lage der DDR vor. Das Ergebnis: Die DDR ist im Westen hoch verschuldet und steht vor dem Bankrott. Eine Senkung des Lebensstandards um 25 bis 30 Prozent wäre erforderlich, wird jedoch als politisch nicht durchführbar betrachtet. Der Lösungsvorschlag: Der Bundesregierung soll für die Gewährung neuer Kredite in einer Höhe von 12 bis 13 Milliarden D-Mark und eine erweiterte wirtschaftliche Kooperation die Mauer als letztes Tauschmittel angeboten werden.

Im Auftrag von Egon Krenz nimmt Schalck darüber Gespräche in Bonn auf. Währenddessen wird die Lage in der DDR explosiv. Demonstrationen gegen die SED breiten sich über das ganze Land aus und erreichen auch die Kleinstädte. Hunderttausende Menschen fordern freie Wahlen, die Zulassung von Oppositionsgruppen und Reisefreiheit.

Bereits bei seinem Machtantritt hat Egon Krenz versprochen, ein neues Reisegesetz ausarbeiten zu lassen. Doch die Staatssicherheit bremst. Sie befürchtet, dass dann Hunderttausende die DDR verlassen. Und die Plankommission erhebt Einwände, weil kein Geld da ist, um die Reisenden mit Devisen auszustatten. Das Ergebnis ist ein Gesetzentwurf, der den Gesamtreisezeitraum auf dreißig Tage pro Jahr beschränkt. Er enthält „Versagungsgründe", die nicht eindeutig und nachprüfbar definiert sind und der Willkür großen Spielraum lassen. Die Finanzierung der Reisen bleibt ungelöst. Am 6. November veröffentlicht, verschärft der Gesetzentwurf die Proteste.

Das zweite Loch in der Mauer: Ausreise aus der ČSSR seit dem 4. November 1989 nur mit dem Personalausweis – Trabi-Schlange von DDR-Flüchtlingen an der tschecho-slowakisch-bayerischen Grenze, 5. November 1989.

Streikdrohungen in den südlichen Bezirken haben die SED-Führung veranlasst, seit dem 1. November die Reisesperre in die Tschecho-slowakei aufzuheben. Umgehend füllt sich die bundesdeutsche Botschaft in Prag erneut mit ausreisewilligen DDR-Bürgern. Die Prager Innenstadt gleicht einem Durchgangslager für Ostdeutsche. Unter dem Druck der ČSSR-Regierung entschließt sich das SED-Politbüro, DDR-Bürgern vom 4. November an die Ausreise in die Bundesrepublik über die ČSSR zu gestatten. Damit steht die Mauer nicht nur über den Umweg durch Ungarn, sondern auch durch die direkt benachbarte ČSSR offen. Inner-halb weniger Tage nehmen 50.000 DDR-Bürger diesen neuen Weg. Die ČSSR erhebt in Ost-Berlin schärfsten Protest gegen die Völkerwanderung durch ihr Land und ersucht die SED förmlich, die Ausreise von DDR-Bürgern in die Bundesrepublik „direkt und nicht über das Territorium der ČSSR" abzuwickeln.

Demonstration in Potsdam, 4. November 1989. Bis Anfang November 1989 hat sich die Protestbewegung über ganz Ostdeutschland ausgebreitet. Gefordert werden überall Presse- und Meinungsfreiheit, die Zulassung von Oppositionsgruppen, freie Wahlen – und vor allem: Reisefreiheit.

Am 8. November macht sich Bundeskanzler Kohl die Forderungen der Demonstranten zu eigen: Wenn die SED auf ihr Machtmonopol verzichte, unabhängige Parteien zulasse und freie Wahlen verbindlich zusichere, sei er bereit, teilt er Krenz öffentlich mit, „über eine völlig neue Dimension unserer wirtschaftlichen Hilfe zu sprechen".

Am Vorabend des 9. November ist die SED-Führung zum Handeln gezwungen, doch: „Was wir auch machen in dieser Situation, wir machen einen falschen Schritt", befürchtet Egon Krenz am nächsten Tag.

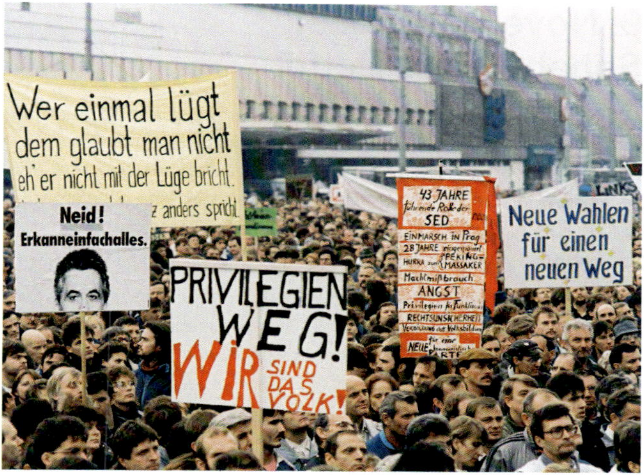

Demonstration in Ost-Berlin, 4. November 1989: Mehr als 250.000 Menschen nehmen teil.

„Die SED muss auf ihr Machtmonopol verzichten, muss unabhängige Parteien zulassen und freie Wahlen verbindlich zusichern. Unter dieser Voraussetzung bin ich auch bereit, über eine völlig neue Dimension unserer wirtschaftlichen Hilfe zu sprechen." Rede von Helmut Kohl vor dem Deutschen Bundestag, Bonn, 8. November 1989.

„Was wir auch machen in dieser Situation, wir machen einen falschen Schritt." Rede von Egon Krenz im SED-Zentral-komitee, Ost-Berlin, 9. November 1989.

9. November 1989:
Schabowskis Zettel

Aufgeschreckt erteilt das Politbüro dem Ministerrat den Auftrag, kurzfristig eine Reiseverordnung auszuarbeiten. Beabsichtigt ist, ständige Ausreisen – also die Übersiedlung in die Bundesrepublik – zu genehmigen, aber erst nach einem entsprechenden Antrag. Besuchsreisen sollen – ebenfalls auf Antrag – bis zu dreißig Tage pro Jahr genehmigt werden, jedoch an die Erteilung eines Visums und den Besitz eines Reisepasses gekoppelt werden.

Einen Reisepass aber besitzen nur etwa vier Millionen Bürger; alle anderen, so das Kalkül, müssen zunächst einen Pass beantragen und sich dann noch einmal mindestens vier Wochen gedulden. Einem sofortigen Aufbruch aller Bürger, so meint man, ist damit ein Riegel vorgeschoben. Die neue Reiseverordnung soll erst am 10. November ab vier Uhr früh bekannt gegeben werden, um die Mitarbeiter des Pass- und Meldewesens auf den erwarteten Massenansturm vorzubereiten.

 „Sofort, unverzüglich!"

Am Nachmittag des 9. November stimmen Politbüro und Zentralkomitee dem Entwurf zu. Egon Krenz übergibt das Papier Günter Schabowski. Er beauftragt ihn, darüber auf einer für 18 Uhr anberaumten Pressekonferenz zu informieren. Schabowski ist nicht dabei gewesen, als das Politbüro die Reiseverordnung in den Mittagsstunden bestätigte. Auch als Krenz die Reiseregelung dem Zentralkomitee vorlas, war er nicht im Saal. Er kennt deshalb weder den Wortlaut des Papiers, noch weiß er etwas von einer Sperrfrist.

Am Ende seiner Pressekonferenz, die live vom DDR-Fernsehen übertragen wird, liest er die Reiseregelung von dem Zettel ab, den Krenz ihm
übergeben hat. Danach sollen DDR-Bürger nicht nur ständige Ausreisen,
sondern auch Privatreisen ohne Vorliegen der bis dahin geforderten
Voraussetzungen beantragen können, die Genehmigungen würden kurzfristig erteilt. Ständige Ausreisen könnten über alle Grenzübergänge der
DDR zur Bundesrepublik bzw. Berlin-West erfolgen. „Wann tritt das in
Kraft?", fragt ein Journalist. Schabowski wirkt hilflos, denn „diese Frage",
so das Politbüro-Mitglied später, „war mit mir zuvor nie besprochen worden".
Er kratzt sich am Kopf und überfliegt das Papier. Den letzen Satz des
Ministerrats-Beschlusses, der festlegt, dass die Pressemitteilung erst am
10. November bekannt gegeben werden soll, übersieht er. Seine Augen
bleiben gleich am Anfang an den Worten „sofort" und „unverzüglich" hängen.
So formuliert er als knappe Antwort: „Sofort, unverzüglich!" Wenige Minuten
später, um 19.01 Uhr, ist die Pressekonferenz beendet. Gemessen an den
damit verbundenen Absichten werden Schabowskis Mitteilungen zum
Super-GAU in der Weltgeschichte der Pressekonferenzen.

„DDR
öffnet Grenze"

In der Hauptnachrichtenzeit bis 20.15 Uhr wird seine Mitteilung zum Spitzenthema. In
Ermangelung präziser Informationen beginnen die West-Medien, den von Schabowski
eröffneten Interpretationsspielraum zu füllen, die Informationen zu verdichten und einen
eigenen Bedeutungszusammenhang zu konstruieren. Sehr schnell interpretieren sie seine
widersprüchlichen Äußerungen als „Grenzöffnung": „DDR öffnet Grenzen" schlagzeilt
Associated Press bereits um 19.05 Uhr, und DPA verbreitet um 19.41 Uhr die „sensatio-
nelle Mitteilung": „Die DDR-Grenze zur Bundesrepublik und nach West-Berlin ist offen."
Die ARD-Tagesschau platziert die Reiseregelung als Top-Meldung und blendet dazu als
Schrift ein: „DDR öffnet Grenze".

9. November 1989: Internationale Pressekonferenz

9. November 1989, 18.57 Uhr: Internationale Pressekonferenz (auf dem Podium v.l.n.r. die ZK-Mitglieder Helga Labs, Manfred Banaschak, Günter Schabowski und Gerhard Beil).

Günter Schabowski: [...] Allerdings ist heute, soviel ich weiß (blickt bei diesen Worten zustimmungsheischend in Richtung Labs und Banaschak), eine Entscheidung getroffen worden. Es ist eine Empfehlung des Politbüros aufgegriffen worden, dass man aus dem Entwurf des Reisegesetzes den Passus herausnimmt und in Kraft treten lässt, der stän... – wie man so schön sagt oder so unschön sagt – die ständige Ausreise regelt, also das Verlassen der Republik. Weil wir es (äh) für einen unmöglichen Zustand halten, dass sich diese Bewegung vollzieht (äh) über einen befreundeten Staat (äh), was ja auch für diesen Staat nicht ganz einfach ist. Und deshalb (äh) haben wir uns dazu entschlossen, heute (äh) eine Regelung zu treffen, die es jedem Bürger der DDR möglich macht (äh), über Grenzübergangspunkte der DDR (äh) auszureisen.

Frage: (Stimmengewirr) Das gilt ...?

Riccardo Ehrman, Journalist, ANSA: Ohne Pass? Ohne Pass? – (Nein, nein!)

Frage: Ab wann tritt das ...? (... Stimmengewirr ...) Ab wann tritt das in Kraft?

Günter Schabowski: Bitte?

Peter Brinkmann, Journalist, Bild Zeitung: Ab sofort? Ab ...?

Günter Schabowski: ... (kratzt sich am Kopf) Also, Genossen, mir ist das hier also mitgeteilt worden (setzt sich, während er weiterspricht, seine Brille auf), dass eine solche Mitteilung heute schon (äh) verbreitet worden ist. Sie müsste eigentlich in Ihrem Besitz sein. Also (liest sehr schnell vom Blatt): „Privatreisen nach dem Ausland können ohne Vorliegen von Voraussetzungen – Reiseanlässe und Verwandtschaftsverhältnisse – beantragt werden.

Die Genehmigungen werden kurzfristig erteilt. Die zuständigen Abteilungen Pass- und Meldewesen der VP – die Volkspolizeikreisämter – in der DDR sind angewiesen, Visa zur ständigen Ausreise unverzüglich zu erteilen, ohne daß dafür noch geltende Voraussetzungen für eine ständige Ausreise vorliegen müssen.

Riccardo Ehrman, Journalist, ANSA: Mit Pass?

Günter Schabowski: (Äh) (liest) „Ständige Ausreisen können über alle Grenzübergangsstellen der DDR zur BRD erfolgen. Damit entfällt die vorübergehend ermöglichte Erteilung von entsprechenden Genehmigungen in Auslandsvertretungen der DDR bzw. die ständige Ausreise mit dem Personalausweis der DDR über Drittstaaten." (blickt auf) (Äh) Die Passfrage kann ich jetzt nicht beantworten (blickt fragend in Richtung Labs und Banaschak). Das ist auch eine technische Frage. Ich weiß ja nicht, die Pässe müssen ja, ... also damit jeder im Besitz eines Passes ist, überhaupt erst mal ausgegeben werden. Wir wollten aber ...

Manfred Banaschak: Entscheidend ist ja die inhaltliche Aussage ...

Günter Schabowski: ... ist die ...

Frage: Wann tritt das in Kraft?

Günter Schabowski: (blättert in seinen Papieren) Das tritt nach meiner Kenntnis ist das sofort, unverzüglich (blättert weiter in seinen Unterlagen) ...

Helga Labs: (leise) ... unverzüglich.

Gerhard Beil: (leise) Das muss der Ministerrat beschließen.

Frage: Auch in Berlin? (... Stimmengewirr ...)

Peter Brinkmann, Journalist, Bild Zeitung: Sie haben nur BRD gesagt, gilt das auch für West-Berlin?

Günter Schabowski: (liest schnell vor) „Wie die Presseabteilung des Ministeriums (....,) hat der Ministerrat beschlossen, dass bis zum Inkrafttreten einer entsprechenden gesetzlichen Regelung durch die Volkskammer diese Übergangsregelung in Kraft gesetzt wird."

Peter Brinkmann, Journalist, Bild Zeitung: Gilt das auch für Berlin-West? Sie hatten nur BRD gesagt.

Günter Schabowski: (zuckt mit den Schultern, verzieht dazu die Mundwinkel nach unten, schaut in seine Papiere) Also (Pause), doch, doch (liest vor): „Die ständige Ausreise kann über alle Grenzübergangsstellen der DDR zur BRD bzw. zu Berlin-West erfolgen."

Siehe auch: www.chronik-der-mauer.de > Chronik > November > 9 > 18.53 > RIAS Reportage

Der Mauerdurchbruch am 9./10. November 1989

Die Berichte der Westmedien lösen einen Ansturm von Ost- und West-Berlinern auf die Grenzübergänge und auf das Brandenburger Tor aus, der das gemeldete Ereignis – die angeblich „offene Grenze" – erst herbeiführt. Der Fall der Mauer ist damit das erste welthistorische Ereignis, dem durch seine mediale Verkündung zur Wirklichkeit verholfen wird.

Ohne jegliche Information und ohne Befehle der militärischen Führung stehen die DDR-Grenzposten am Abend des 9. November 1989 konsterniert wachsenden Menschenansammlungen auf beiden Seiten der Grenzübergänge gegenüber, die testen wollen, ob die Nachrichten stimmen. Rückfragen der Grenzwächter bei ihren Vorgesetzten, wie Schabowskis Mitteilungen zu verstehen seien, bleiben ebenso ohne Antwort wie wiederum deren Nachfragen auf der nächst höheren Ebene bis hinauf in die Ministerien. In den Abendstunden sind auf allen Ebenen nur Stellvertreter oder Stellvertreter von Stellvertretern zu erreichen – und keiner weiß Bescheid. Nach ganz oben aber sind die Kommunikationswege versperrt: Kein Stellvertreter kann zunächst seinen Minister erreichen, denn die laufende Tagung des Zentralkomitees ist außerplanmäßig bis 20.45 Uhr verlängert worden. Die gesamte Partei- und Staatsspitze bekommt deshalb vorerst weder die Pressekonferenz noch ihre Resonanz in den Medien noch den einsetzenden Ansturm von Ost und West auf die Übergänge mit.

Am Grenzübergang Bornholmer Straße, im dicht besiedelten Stadtbezirk Prenzlauer Berg gelegen, ist der Ansturm auf der Ostseite am stärksten. Zunächst reagieren die Grenzwächter abwartend, verweisen die Menschen auf den nächsten Tag. Dann erlauben sie einzelnen die Ausreise, stempeln die Ausweise dabei aber ungültig. Ohne es zu wissen, werden die ersten Ost-Berliner, die über die Bornholmer Brücke nach West-Berlin laufen, ausgebürgert.

Doch schließlich wird der Druck vor dem Schlagbaum so stark, dass Passkontrolleure und Grenzsoldaten um ihr Leben fürchten. Auf eigene Entscheidung stellen sie gegen 23.30 Uhr alle Kontrollen ein. „Wir fluten jetzt!", kündigt der leitende Offizier der Passkontrolle an; dann werden die Schlagbäume geöffnet. An der Invalidenstraße sind die Passkontrolleure zunächst entschlossen, sich die West- und Ost-Berliner vom Halse zu halten. Sie holen Verstärkung heran: 45 Mann mit Maschinenpistolen. Doch als die Lage eskaliert, entscheiden sie: „Auf Unbewaffnete schießen – das machen wir nicht." Die Soldaten rücken ab, der Vorgesetzte befiehlt: „Lasst sie laufen!"

In den Mitternachtsstunden stehen alle Grenzübergänge offen; kurze Zeit später feiern Ost- und West-Berliner den Fall der Mauer auch unter dem Brandenburger Tor.

„Wir fluten jetzt! Wir machen alles auf!"

Edwin Görlitz, Oberstleutnant, stellvertretender Leiter der MfS-Passkontrolle am Grenzübergang Bornholmer Straße.

Tausende Menschen erzwingen gegen 23.30 Uhr die Öffnung des Grenzübergangs Bornholmer Straße, 9. November 1989.

Die „Flutung": Spiegel-TV Reporter Georg Mascolo, Kameramann Rainer März und Kamera-Assistent Germar Biester haben die Abfertigungslinie zuvor überschritten. So gelingt es ihnen, den Moment des Mauerdurchbruchs filmisch zu dokumentieren.

Grenzübergang Bornholmer Straße, 9. / 10. November 1989.

Die Mauer am Brandenburger Tor, 9. / 10. November 1989: „Meine Gefühle waren eine Mischung aus Freude und Angst. Schließlich fingen wir an, auf der Mauer herumzuklopfen, um sie symbolisch einzureißen." (Conny Hanschmann, 3. v. l.).

10. November 1989

Am Vormittag des 10. November kommt Willy Brandt zum Brandenburger Tor. Als die Mauer gebaut wurde, war er Regierender Bürgermeister von Berlin. Hilflos musste er damals mit ansehen, wie Betonpfähle in die Straßen gerammt, Stacheldrahtrollen gespannt, Familien getrennt wurden. Sein Ausspruch „Jetzt wächst zusammen, was zusammengehört" ist an diesem Tag noch ein politischer Traum – der jedoch bald in Erfüllung gehen wird.

Später am Nachmittag spricht Brandt neben dem Regierenden Bürgermeister Walter Momper und Bundeskanzler Helmut Kohl vor dem Schöneberger Rathaus. Der Bundeskanzler hat für diese Kundgebung seinen Staatsbesuch in Polen unterbrochen. Seine Rede wird von den Anhängern des rot-grünen Senats durch ein Pfeifkonzert gestört. Erst im Nachhinein wird das dramatische Hintergrundgeschehen bekannt: Noch während der Kundgebung wird Kanzlerberater Horst Teltschik im Rathaus ans Telefon gerufen. Der sowjetische Botschafter Julij Kwizinskij übermittelt ihm die Sorge Michail Gorbatschows, es könne in Berlin zu Zusammenstößen kommen und sowjetische Einrichtungen, auch sowjetische Truppen, angegriffen werden. Der Kanzler, verlangt der Kreml-Chef, soll nicht zulassen, dass die Lage unbeherrschbar wird.

Helmut Kohl und Horst Teltschik rätseln: Ist diese Botschaft Gorbatschows eine besorgte Anfrage oder eine versteckte Drohung? Noch in seiner Rede vor dem Rathaus reagiert der Kanzler, fordert zu Vernunft und Besonnenheit auf und spricht sich gegen jegliche Radikalisierung aus. Am nächsten Tag beruhigt er in einem Telefonat den sowjetischen Generalsekretär und informiert ihn über die fröhliche und friedliche Stimmung in Berlin. Erleichtert über die Reaktion aus Moskau notiert Horst Teltschik: „Keine Drohung, keine Warnung, nur die Bitte, Umsicht walten zu lassen." Moskau stellt sich der Entwicklung nicht in den Weg, die sowjetischen Truppen in der DDR – 350.000 Mann stark – bleiben in den Kasernen.

Siehe auch: www.chronik-der-mauer.de > Chronik > November > 10

„Jetzt wächst zusammen, was zusammengehört."

Willy Brandt, 10. November 1989.

Willy Brandt am Brandenburger Tor, 10. November 1989.

„Ich glaube, wenn wir mit Kampfeinheiten nach Berlin gefahren wären, wäre die Gefahr des Blutvergießens groß gewesen."

Peter P., Oberst, Kommandeur der 1. Motorisierten Schützendivision der Landstreitkräfte der Nationalen Volksarmee der DDR, 1994.

11. November 1989, vormittags: Versuch, am Brandenburger Tor die Mauer einzureißen.

11. November 1989: Konfliktlösung am Brandenburger Tor

Das Brandenburger Tor ist am Morgen des 11. November der letzte Konfliktherd. Seit über 30 Stunden ist dort die Panzermauer besetzt. Übermütige haben während der Nacht begonnen, die Grenzmauer aufzumeißeln und Rohrauflagen zu demontieren; die DDR-Grenztruppen führen Verstärkung heran. Als es einer Gruppe West-Berliner gelingt, ein Segment der Mauer südlich des Brandenburger Tores niederzureißen, steigt die Nervosität.

Auf der Ostseite setzen hektische Aktivitäten ein. Zwei Eliteeinheiten der NVA, insgesamt knapp 10.000 Soldaten, sind bereits am Vortag in erhöhte Gefechtsbereitschaft versetzt worden; jetzt droht die Situation zu eskalieren. Verteidigungsminister Keßler fürchtet offenbar einen Sturm auf das Brandenburger Tor. Er ruft um 10.15 Uhr den Chef der Landstreit-kräfte, Generaloberst Horst Stechbarth, an. Ob er bereit sei, mit zwei Regimentern nach Berlin zu marschieren, um die Mauer am Brandenburger Tor zu räumen, hört Stechbarth seinen Minister fragen. Er bittet Keßler, die Sache noch einmal zu überdenken. Ob es wirklich keine anderen Mittel gebe, wendet er ein. Die Folgen einer Truppenbewegung durch Berlin in der gegebenen Situation seien unabsehbar.

Tatsächlich finden die Ordnungskräfte in West- und Ost-Berlin ein anderes Mittel: Grenzsoldaten räumen mit friedlichen Mitteln die Mauer und besetzen sie selbst; West-Berliner Polizisten riegeln im Gegenzug mit Mannschaftswagen die Zugänge zum Mauerareal ab. Das ausgehebelte Stück Mauer wird wieder zurückgehoben und festgeschweißt. Es ist das letzte Mal, dass in Berlin ein Stück der Mauer repariert wird. Um 12 Uhr mittags ist die Lage entschärft; die Gefechtsbereitschaft der NVA-Einheiten wird aufgehoben. „Ich glaube, wenn wir mit Kampfeinheiten nach Berlin gefahren wären", so einer der Kommandeure rückblickend, „wäre die Gefahr des Blutvergießens groß gewesen."

Bundespräsident Richard von Weizsäcker am Potsdamer Platz, 12. November 1989.

12. November 1989:
Potsdamer Platz

Richard von Weizsäcker, Bundespräsident a.D. „Schabowski hat ja nicht mitgeteilt, dass die Mauer jetzt offen sei. Vielmehr haben die Medien eine eigene Interpretation der Meldung verbreitet, die weiter ging als das, was man wirklich in den Führungsgremien der SED beschlossen hatte. Und dann kam es in den späten Abendstunden des 9. November an der Bornholmer Straße zu dem ersten erfolgreichen Überschreiten der Grenze, weil die Grenzer nicht wussten, wie sie reagieren sollten. Am 12. November 1989 machte ich alleine einen Spaziergang zum Potsdamer Platz, und zwar aus der Stimmung heraus, dass niemand so genau wusste, was eigentlich gilt und was man darf – und das wussten insbesondere auch die Grenzer nicht so ganz genau. An sich kann man als Bundespräsident nicht so beliebig herumlaufen und die Rolle eines Spähtrupps in einer ungeklärten politischen Lage

Öffnung eines neuen Grenzübergangs am Potsdamer Platz, 500 Meter südlich des Brandenburger Tores, 12. November 1989.

„Herr Bundespräsident, ich melde: Keine besonderen Vorkommnisse!"

übernehmen. Aber es trieb mich einfach um. Und so bin ich vom Westen des Potsdamer Platzes über diese weite leere Fläche in Richtung Osten gelaufen. Ich sah, wie ich von den Grenzern durchs Fernglas beobachtet wurde. Dann bewegte sich ein höherer Offizier auf die allervorschriftsmäßigste militärische Weise auf mich zu, machte eine Ehrenbezeugung und sagte: „Herr Bundespräsident, ich melde: Keine besonderen Vorkommnisse!" Ich empfand, dass es wohl keine anderen Worte gab, die in größerem Kontrast zu der Außergewöhnlichkeit dieser Zeit hätten stehen können."

„Wir sind ein Volk!"

Der Mauerdurchbruch vom 9. November 1989 bedeutet mehr als eine „Öffnung der Grenze": Er ist ein Akt der Selbstbefreiung. Die Wucht des Ereignisses, seine Form und Symbolik, schlägt der SED-Führung die Kontrolle über die Grenze aus der Hand – und damit die Verfügungsgewalt über die nicht länger eingemauerten Bürger. Ohne Mauer sieht sich die SED-Führung zudem gegenüber der Bundesregierung ihres wichtigsten Faustpfandes für Verhandlungen über eine ökonomische Stabilisierung beraubt; das Regime hat die letzte kreditwürdige Immobilie der DDR verloren.

Zugleich nimmt der Druck auf Partei und Staat nach dem Mauerfall weiter zu. Zum einen steigt die Abwanderung in die Bundesrepublik erneut sprunghaft an: Vom 10. November bis zum Jahresende 1989 verlassen über 120.000 Menschen die DDR (1989 insgesamt: 343.854), von Januar bis März 1990 kommen mehr als 180.000 hinzu. Zum anderen aber werden die Massendemonstrationen auch in der zweiten Novemberhälfte fortgesetzt. Schnell wandeln sich die Sprechchöre von „Wir sind das Volk!" in „Wir sind ein Volk!"; Spruchbänder mit der Parole „Deutschland – einig Vaterland" sowie schwarz-rot-goldene Fahnen ohne DDR-Emblem bestimmen in kurzer Zeit das Bild der Kundgebungen überall in der DDR.

An Runden Tischen begrenzen die neuen demokratischen Bewegungen und Parteien die Macht der SED und erzwingen den Verzicht auf den SED-Führungsanspruch in der DDR-Verfassung sowie die Gewährung freier Wahlen. Innerhalb weniger Wochen zerfallen die zentralen Parteistrukturen; Politbüro, ZK-Sekretariat und Zentralkomitee lösen sich auf. Ohne die Steuerungszentrale der Partei zerbröseln die staatlichen Machtstrukturen; fast unbemerkt hört der Nationale Verteidigungsrat mangels Mitgliedern einfach auf zu existieren. Bürgerkomitees besetzen in den Bezirken die Gebäude der Staatssicherheit und verhindern die Vernichtung der Akten.

Die Forderungen der Demonstranten wandeln sich nach dem Mauerfall: Statt „Wir sind das Volk!" heißt es jetzt: „Wir sind ein Volk!"

Abbau des alliierten US-Kontrollgebäudes am Checkpoint Charlie in Anwesenheit der Außenminister der Siegermächte und der beiden deutschen Staaten, 22. Juni 1990.

Nach dem Mauerfall und dem Ende der alten SED ist die Sowjetunion der letzte Garant für die staatliche Existenz der DDR. Zunächst widersetzt sich die sowjetische Führung allen Tendenzen zur Vereinigung beider deutscher Staaten energisch. Doch ihre inneren Probleme – die zunehmenden Nationalitätenkonflikte, die tief greifende Wirtschafts- und Versorgungskrise, die drohende Zahlungsunfähigkeit gegenüber dem Westen und die Zerfallserscheinungen des Warschauer Paktes – und der unaufhaltsame Machtverfall der SED beschleunigen im Januar 1990 die Erkenntnis, dass die DDR nicht mehr zu halten ist. Michail Gorbatschow gibt den Weg zur deutschen Einheit frei.

„Die deutsche Vereinigung war letztlich ein ebenso unvermeidbarer wie legitimer Vorgang. […] Vermutlich wird noch geraume Zeit vergehen, bis eine in vielerlei Hinsicht gewandelte deutsche Nation die Blessuren der Vergangenheit überwunden hat."

Michail Gorbatschow, Die Erinnerungen, Berlin 1995.

Die erste freie Volkskammer-Wahl am 18. März 1990, aus der die CDU-geführte „Allianz für Deutschland" mit 48,1 Prozent der Stimmen als stärkste Kraft hervorgeht, wird zu einem eindeutigen Votum für einen schnellen Weg zur deutschen Einheit. Volkskammer und Bundestag stimmen am 21. Juni 1990 mit Zweidrittelmehrheiten dem Staatsvertrag über eine Wirtschafts-, Währungs- und Sozialunion zu, in dessen Folge am 1. Juli die D-Mark als Zahlungsmittel in der DDR eingeführt wird.

Die Verhandlungen über die äußeren Aspekte der Einheit sind Gegenstand von „Zwei-Plus-Vier-Konferenzen" der beiden deutschen Staaten mit den Siegermächten des Zweiten Weltkriegs und zahlreicher bilateraler Gespräche. Sie werden mit der Unterzeichnung des „Vertrages über die Regelung in Bezug auf Deutschland" am 12. September zum Abschluss gebracht. Darin verzichten die Besatzungsmächte auf ihre mit dem Zweiten Weltkrieg verbundenen Rechte und Verantwortlichkeiten in Berlin und in Deutschland als Ganzes. Deutschland erhält die souveränen Rechte über seine inneren und äußeren Angelegenheiten, bestätigt den endgültigen Charakter seiner Grenzen und verpflichtet sich, keine Angriffskriege zu führen und die Bundeswehr auf eine Personalstärke von 370.000 Mann zu verringern. Daneben wird der Abzug der 350.000 Soldaten der Westgruppe der sowjetischen Streitkräfte aus der DDR bis 1994 vereinbart.

Die Siegermächte des Zweiten Weltkriegs, die USA, Großbritannien, Frankreich und die Sowjetunion verzichten auf ihre Rechte und Verantwortlichkeiten in Berlin und in Deutschland als Ganzes. Deutschland erhält die souveränen Rechte über seine inneren und äußeren Angelegenheiten. Am 3. Oktober 1990 ist die staatliche Einheit Deutschlands hergestellt.

Die wichtigsten innenpolitischen Etappen auf dem Weg zur Einheit sind der Beschluss der Volkskammer vom 23. August, gemäß Artikel 23 des Grundgesetzes der Bundesrepublik beizutreten, sowie der Einigungsvertrag zwischen beiden deutschen Staaten, der die Rechtsgrundlagen für die staatliche Vereinigung schafft.

Beide Parlamente stimmen am 20. September 1990 mit dem Vertragswerk auch dem Ziel zu, nach vierzig Jahren der Trennung einheitliche Lebensverhältnisse in Deutschland zu schaffen. Am 3. Oktober 1990 ist die staatliche Einheit Deutschlands hergestellt.

Fest der deutschen Einheit am Brandenburger Tor in Berlin, 3. Oktober 1990.

Erinnerungen

George Bush, Präsident der Vereinigten Staaten „Am 10. November schickte mir Gorbatschow ein sehr besorgt klingendes Telegramm. Ich konnte gut verstehen, dass er beunruhigt war und mir nun mitteilen wollte, welche Probleme ihm dieses Ereignis bereiten könnte.

Wir wussten, dass Gorbatschow unter großem Druck stand. Die DDR war schließlich das Kronjuwel des Warschauer Paktes und des sowjetischen Imperiums. Was wir jedoch nicht wussten, war, inwieweit dieses Jahrhundertereignis das Nationalgefühl der Sowjetmacht und den Stolz der sowjetischen Armee verletzen würde. Die Mauer fiel direkt vor ihren Augen in sich zusammen. Wie würden die Militärs reagieren? Niemand wusste das so genau. Was tut man in einer solchen Situation? Man reagiert umsichtig. Man unterstützt die Deutschen, man sagt, es sei alles wunderbar, aber man unternimmt nichts, was zu unvorhersehbaren Problemen führen könnte.

Später traten zwischen mir und François Mitterrand sowie Margaret Thatcher einige Unstimmigkeiten auf, weil ich mich in der Frage der Wiedervereinigung sehr stark auf die Seite von Bundeskanzler Kohl schlug. Aber in diesen kritischen Tagen im November 1989 teilten beide meine Meinung, dass es nicht ratsam sei, überzureagieren und Gorbatschow Probleme zu bereiten, die außer Kontrolle geraten könnten, mit anderen Worten: die die reaktionären Kräfte in seinem Umfeld dazu hätten verleiten können, ihn aus dem Amt zu jagen, mit dem Säbel zu rasseln und Deutschland und Berlin wieder zum Auslöser einer militärischen Konfrontation zu machen."

Treffen von Helmut Kohl, Michail Gorbatschow und George Bush in Berlin, November 1999.

Michail Gorbatschow, KPdSU-Generalsekretär „Alle – Bush, Mitterrand und Thatcher – erkannten den Ernst der Lage. Möglicherweise dachte sogar jemand daran, diesen Prozess irgendwie zu verlangsamen. Ich verfolgte die Entwicklung genau wie die anderen sehr aufmerksam, mit Verantwortungsbewusstsein und Vorsicht. Wir alle waren vorsichtig. Aber ich denke, dass unsere Vorsicht in diesem Falle begründet war. Und gleichzeitig nahmen alle unterschiedliche Positionen ein, sagen wir es so. Und das ist deshalb umso bedeutender, als wir letzten Endes zu einer gemeinsamen Position fanden. Und wir erreichten deshalb eine einheitliche Position, weil alle trotz ihrer Meinungsunterschiede in diesem Moment nichtsdestoweniger Verständnis hatten: Verständnis für die Sehnsucht der Deutschen, in einem Land zu leben, sich zu vereinigen. Das war meiner Meinung nach sehr wichtig und charakterisiert die Ernsthaftigkeit der beteiligten Politiker an diesem Prozess.

Der 9. November 1989, der deutsche Einigungsprozess, ist schließlich eine der wichtigen Etappen in der deutschen Geschichte, in unserer Geschichte, in der europäischen Geschichte, in der Weltgeschichte. Und in der Geschichte folgt eine Etappe auf die andere. Deshalb müssen wir an die Zukunft denken. Und die Zukunft verlangt von uns, dass wir verantwortungsvoll handeln und das Vertrauenskapital bewahren."

Helmut Kohl, Bundeskanzler „Man musste schnell handeln. Und deswegen war es so wichtig, dass wir die notwendige Unterstützung fanden. Es steht außer Zweifel, dass in dieser Situation mein persönliches Vertrauensverhältnis vor allem zu George Bush, François Mitterrand und schließlich auch zu Michail Gorbatschow eine wichtige Rolle spielte. Wir hatten in dieser Hinsicht eine glückliche Konstellation – die sich allerdings nicht einfach so von selbst ergeben hat, sondern für die wir etwas getan hatten.
Es ist keine Frage: Ohne George Bush und ohne Michail Gorbatschow – das waren die beiden entscheidenden Persönlichkeiten – wäre die deutsche Einheit nicht gekommen. Natürlich hatte das, was wir selbst in Deutschland getan haben – ganz besonders der Protest, die Massenversammlungen unserer Landsleute in Leipzig und anderswo – allergrößte Bedeutung. Aber wenn die beiden Weltmächte nicht in Richtung deutsche Einheit mitgegangen wären, wäre alles ganz anders gekommen. Das ist meine bleibende Überzeugung."

Die strafrechtliche Aufarbeitung der Todesschüsse an der Mauer

Wegen der Gewalttaten an der Berliner Mauer erhebt die Berliner Staatsanwaltschaft in den Jahren nach 1990 insgesamt 112 Anklagen gegen 246 Personen: gegen „Mauerschützen" und gegen ihre militärischen und politischen Befehlsgeber. Alle Verfahren sind abgeschlossen. Knapp die Hälfte der Angeklagten wird freigesprochen: In manchen Fällen ist der Todesschütze nicht mehr zu ermitteln, in anderen ein Tötungsvorsatz nicht nachzuweisen. Schüsse auf bewaffnete Deserteure werden durch höchstrichterliche Rechtsprechung sogar legitimiert: Nach dem DDR-Militärstrafgesetz von 1962, so der Bundesgerichtshof, stellte Fahnenflucht ein Verbrechen dar. Die Tötung von Deserteuren sei deshalb entschuldigt, weil den Todesschützen in diesem „Spezialfall" die Rechtswidrigkeit ihres Tuns nicht offensichtlich sein konnte.

Insgesamt 132 Angeklagte werden wegen verschiedener Totschlagsdelikte – als unmittelbare oder mittelbare Täter, als Gehilfen, Anstifter oder wegen Beihilfe – rechtskräftig verurteilt, darunter
- zehn Mitglieder der SED-Führung,
- 42 Mitglieder der militärischen Führung und
- 80 Grenzsoldaten.

Zu den Berliner Verfahren kommen 21 Anklagen gegen 39 Todesschützen sowie 10 Anklagen gegen 12 Offiziere der Grenztruppen als deren Vorgesetzte durch die Staatsanwaltschaft Neuruppin hinzu; der Tatort liegt in diesen 31 Verfahren am Außenring um West-Berlin.

Neunzehn der angeklagten Todesschützen werden wegen Totschlags zu Freiheitsstrafen auf Bewährung, ein Grenzsoldat wird wegen Mordes an Walter Kittel zu 10 Jahren Freiheitsstrafe verurteilt. Siebzehn Angeklagte werden freigesprochen; gegen zwei Grenzsoldaten können die Prozesse wegen Verhandlungsunfähigkeit nicht eröffnet werden. Alle 12 angeklagten Grenztruppen-Offiziere werden zu Freiheitsstrafen auf Bewährung verurteilt.

Festveranstaltung der SED-Führung zum 40. Jahrestag der DDR-Grenztruppen, Ost-Berlin 1986.

„... bei Grenzdurchbruchsversuchen [muss] von der Schusswaffe rücksichtslos Gebrauch gemacht werden, und es sind die Genossen, die die Schusswaffe erfolgreich angewandt haben, zu belobigen."

Erich Honecker, 1974.

Zugunsten der Angeklagten berücksichtigen die Gerichte bei der Feststellung der individuellen Schuld und der Strafzumessung in hohem Maße subjektive Entlastungsfaktoren wie
- die Einbindung in die Hierarchie eines totalitären Systems,
- die Unterdrückung berechtigter Zweifel an staatlichen Anordnungen,
- die ständige politische Indoktrination
  mit der Folge der Deformation des Rechtsbewusstseins,
- den seit der Tat verstrichenen Zeitraum,
- ein jugendliches Alter zur Tatzeit und
- ein hohes Alter mit der Folge erhöhter Strafempfindlichkeit
  zum Zeitpunkt der Aburteilung.

Die Strafen sind gestaffelt nach der Stellung der Angeklagten in der militärischen und politischen Hierarchie und fallen insgesamt überraschend niedrig aus.

Angeklagte und ihre Strafen

Todesschützen / Grenzposten	6 – 24 Monate
	(i. d. R. auf Bewährung)
Regimentskommandeure	20 – 30 Monate
Chefs (und deren Stellvertreter) einer Grenzbrigade bzw. des Grenzkommandos Mitte	6 – 39 Monate
Chef der Grenztruppen (und dessen Stellvertreter) sowie Mitglieder der NVA-Führung	12 – 78 Monate
Mitglieder der SED-Führung	36 – 78 Monate
Mitglieder des Nationalen Verteidigungsrates	60 – 90 Monate

Nach der Vorabprüfung und -feststellung, dass die Tötung eines Menschen auch in der DDR strafbar war, wenden die bundesdeutschen Gerichte für Schuldspruch und konkretes Strafmaß im Einzelfall das für den Angeklagten – mit wenigen Ausnahmen – günstigere, da mildere bundesdeutsche Strafrecht an. Ihre Urteile folgen der Rechtsprechung des Bundesgerichtshofs, nach der die vorsätzliche Tötung von unbewaffneten Flüchtlingen „wegen offensichtlichen, unerträglichen Verstoßes gegen elementare Gebote der Gerechtigkeit und gegen völkerrechtlich geschützte Menschenrechte" nicht zu rechtfertigen ist. Befehle, Dienstvorschriften und Gesetze, die den Einsatz von Schusswaffen zur Fluchtvereitelung und in letzter Konsequenz zur Tötung von Flüchtlingen erlaubten, werden deshalb nicht als Rechtfertigungsgrund anerkannt.

Herzsteckschuss: Von der Stasi archivierte Kalaschnikow-Kugel, mit der Christian Buttkus am 4. März 1965 getötet wurde. Der 21-Jährige versuchte mit seiner Verlobten von Kleinmachnow nach West-Berlin zu fliehen.

Angesichts der Einmauerung der gesamten Bevölkerung, der Tötung, Verletzung Kriminalisierung und Diskriminierung einer großen Zahl von Menschen erscheinen vielen die Zahl der Freisprüche zu hoch und die verhängten Strafen zu niedrig. Das Leid vieler Familien und das Unrecht, das mehreren Generationen in der DDR angetan worden ist, bleiben strafrechtlich weitgehend ungesühnt.

Verdienst der Strafjustiz jedoch bleibt, durch die Ermittlungen und Prozesse die Menschenrechtsverletzungen in der DDR und das SED-Unrecht umfassend dokumentiert zu haben.

Der Abriss der Mauer

Parallel zur großen Politik verschwindet in Berlin die Mauer. Ihr Abriss beginnt mit der Öffnung neuer Grenzübergänge. Zahllose „Mauerspechte" hämmern und meißeln auf den Betonwall ein, schlagen ihr persönliches Souvenir heraus. Die Grenzsoldaten schauen machtlos zu. Seit dem 14. November 1989 ist der Schießbefehl auch offiziell aufgehoben: Die Ordnung an der Grenze zerfällt, ihre Bewachung wird zunehmend sinnlos. Soldaten verkauften während des Dienstes Teile ihrer Uniform, Offiziere nähmen Geschenke an und wären betrunken, beklagt die militärische Führung.

Ende Dezember werden die ersten Hundelaufanlagen, Suchscheinwerfer und Alarmzäune demontiert. Im Februar folgt der Abriss der Mauer am Potsdamer Platz, im Juni in der Bernauer Straße. Der 1,90 Meter hohe Maschendrahtzaun, der streckenweise an ihre Stelle tritt, verliert bereits am 1. Juli 1990 seine Funktion: Seit diesem Tag entfallen alle Personenkontrollen zwischen den beiden deutschen Staaten. Am 30. September 1990 werden die DDR-Grenztruppen aufgelöst und alle Gewehre und Pistolen eingesammelt – 54.260 Schützenwaffen und 3.060 Tonnen Munition. Für ihre letzte Mission benötigen die Grenzsoldaten, seit dem 3. Oktober 1990 als „Auflösungs- und Rekultivierungskommando" in die Bundeswehr eingegliedert, keine Waffen.

Mit Hilfe von 65 Kränen, 175 LKW und 13 Planierraupen beseitigen sie die Sperranlagen im innerstädtischen Bereich bis Ende 1990 nahezu restlos. Am Außenring, der nun die Grenze zwischen den Ländern Berlin und Brandenburg bildet, werden die Abrissarbeiten Ende 1992 abgeschlossen.

In Berlin gelingt es nicht, auch nur einen kleinen Abschnitt des Todesstreifens mit seinen Mauern, Alarmzäunen, Sperren und Wachttürmen zur Erinnerung an das mörderische Grenzregime zu erhalten. Zu groß ist der Hass auf das Bauwerk – und zu schnell das Interesse erwacht, die Mauergrundstücke in Berlins bester Lage profitabel zu vermarkten.

„Mauerspechte" klopfen Stücke aus der Betonmauer.

Von Mauerspechten zerstörte Mauer in Berlin-Mitte, 1990.

Zwischenlager für den Mauerabriss, September 1990.

Nur in der Bernauer Straße, der Niederkirchner Straße und der Mühlenstraße („East Side Gallery") bleiben zumindest längere Abschnitte der
Mauer stehen.

Einige der bemalten Mauersegmente werden in Berlin und Monte Carlo
als „zeitgenössische Kunstobjekte" und „Schlüsselsteine im längsten
Kunstwerk der Welt" versteigert, andere als Denkmal für das Ende des
Kalten Krieges an Einrichtungen im In- und Ausland verschenkt. Der
amerikanischen Bildhauerin Edwina Sandys, einer Enkelin Winston Churchills,
übereignet noch der DDR-Ministerrat acht Mauersegmente: zur Erinnerung
an die berühmte Rede ihres Großvaters in Fulton / USA.

 Mehr als 40.000 Mauersegmente finden – zertrümmert und zermahlen
– als Granulat im Straßenbau Verwendung. Einige Segmente bleiben in
Betonwerken erhalten und trennen nun Kiessorten voneinander – statt
Menschen.

Die Berliner Mauer in Tonnen (1990–1992)

Beton	180.000 Tonnen
Asbest	15.000 Tonnen
Schrott	6.000 Tonnen
Kunststoffe	3.000 Tonnen
Holz, Dämmstoffe u.a.	100 Tonnen

East Side Gallery

Zahlreiche in- und ausländische Künstler bemalen im Frühjahr 1990 im Bezirk Friedrichshain die Mauer. An dem für die Kunstaktion ausgewählten Grenzabschnitt zwischen der Schillingbrücke und der Oberbaumbrücke sind mehrere Menschen bei Fluchtversuchen ums Leben gekommen. Die meisten Motive handeln von Freiheit und Menschenrechten. Die „East Side Gallery" wird 1991 als Gesamtkunstwerk unter Denkmalschutz gestellt. Mit 1,3 Kilometern ist sie der längste erhaltene Abschnitt der Berliner Mauer.

Siehe auch: www.chronik-der-mauer.de/mauerreste > Station 14

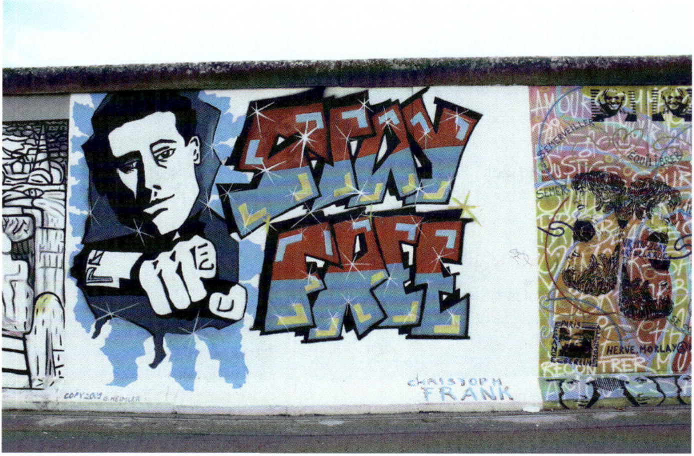
CHRISTOPH
FRANK

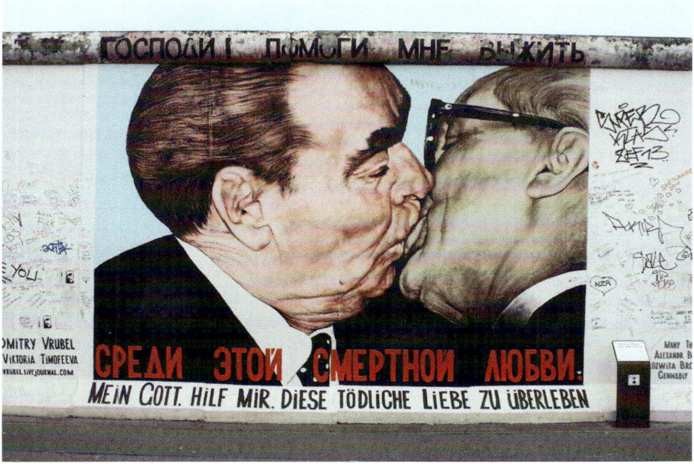
ГОСПОДИ! ПОМОГИ МНЕ ВЫЖИТЬ
СРЕДИ ЭТОЙ СМЕРТНОЙ ЛЮБВИ.
MEIN GOTT. HILF MIR. DIESE TÖDLICHE LIEBE ZU ÜBERLEBEN
MITRY VRUBEL
VIKTORIA TIMOFEEVA

Service

Informationen für Berlin-Besucher

Berlin Tourismus und Kongress GmbH
Am Karlsbad 11, 10785 Berlin

Tel.: 030 - 25 00 25
information@visitberlin.de
www.visitberlin.de

Informationen für Potsdam-Besucher

Potsdam Tourismus Service
Am Neuen Markt 1, 14467 Potsdam

Tel.: 03 31 - 27 55 80
tourismus-service@potsdam.de
www.potsdamtourismus.de

Museen und Gedenkstätten

AlliiertenMuseum

Mit einer Dauerausstellung und wechselnden Sonderausstellungen erinnert das Alliierten Museum an die Präsenz der westlichen Siegermächte des Zweiten Weltkrieges und den Kalten Krieg in Berlin.

Neben zahlreichen Exponaten, zur „Luftbrücke" 1948 / 49 bis hin zum weltberühmten Wachhäuschen am Checkpoint Charlie, werden detaillierte Informationen zu den historischen Ereignissen aus nahezu fünf Jahrzehnten angeboten – bis zum Abzug der West-Alliierten aus Berlin 1990.

AlliiertenMuseum
Clayallee 135, 14195 Berlin-Zehlendorf

Tel.: 030 - 81 81 99 -0
info@alliiertenmuseum.de
www.alliiertenmuseum.de

Öffnungszeiten:
Täglich außer Mittwoch: 10 – 18 Uhr

Eintritt frei

Führungen in deutscher, englischer und französischer Sprache nach Vereinbarung

S-Bahn: S1 bis „Zehlendorf",
weiter mit Bus 115 bis „AlliiertenMuseum"
U-Bahn: U3 bis „Oskar-Helene-Heim"
Bus: 115 oder 183
bis „AlliiertenMuseum"

Deutsch-Russisches Museum Berlin-Karlshorst

Das Museum erinnert an die Geschichte des Zweiten Weltkrieges, insbesondere auf seinem blutigsten und verlustreichsten Schauplatz im Osten, sowie an die Nachkriegsgeschichte bis 1991.

Im großen Saal des Museums, einem ehemaligen Offizierskasino, wurde am 8. Mai 1945 die bedingungslose Kapitulation der deutschen Wehrmacht unterzeichnet und damit Deutschland und Europa von der nationalsozialistischen Herrschaft befreit. Anschließend beherbergte das Gebäude die Zentrale der Sowjetischen Militäradministration in Deutschland.

Als Ort vielfältiger Begegnungen von Deutschen und Russen präsentiert das Museum vertiefende Informationen zur Geschichte der deutsch-russischen Beziehungen im 20. Jahrhundert.

Deutsch-Russisches Museum
Berlin-Karlshorst:
Zwieseler Straße 4 (Ecke Rheinsteinstraße),
10318 Berlin

Tel.: 030 - 50 15 08 10
kontakt@museum-karlshorst.de
www.museum-karlshorst.de

Öffnungszeiten:
Täglich außer Montag: 10 – 18 Uhr

Eintritt frei

Gruppenführungen nach Vereinbarung

S-Bahn: S3 bis „Bahnhof Karlshorst"
(Ausgang Treskowallee), dann Bus 396 bis
„Museum Karlshorst"

Gedenkstätte und Dokumentations-
zentrum Berliner Mauer

Die Gedenkstätte Berliner Mauer umfasst
das Denkmal zur Erinnerung an die
Teilung der Stadt und die Opfer kommunis-
tischer Gewaltherrschaft, die Kapelle der
Versöhnung und ein Dokumentations-
zentrum. Bis zum Jahr 2011 wird eine mehr
als 40.000 m^2 umfassende Open-Air-
Ausstellung fertig gestellt.

Das authentische Areal vermittelt umfassende
Informationen über die Berliner Mauer:
vom Mauerbau 1961 über die unmittelbaren
Auswirkungen auf das Alltagsleben bis hin
zum Fall der Mauer 1989. Die Geschichte
der Bernauer Straße spiegelt die gesamte
Tragik der Berliner Mauer wider:
die Trennung von Straßenzügen, Flucht-
sprünge von Häuserdächern, Zwangs-
räumungen von Wohnungen und Häuser-
blocks, Tunnelgrabungen, gelungene und
gescheiterte Fluchten.

Gedenkstätte und Dokumentations-
zentrum Berliner Mauer
Bernauer Straße 111, 13355 Berlin

Tel.: 030 - 467 98 66 66
besucherdienst@berliner-mauer-
gedenkstaette.de
www.berliner-mauer-gedenkstaette.de

Öffnungszeiten:
Täglich außer Montag

April – Oktober: 9.30 – 19 Uhr
November – März: 9.30 – 18 Uhr

Die Open-Air-Ausstellung ist ganzjährig
rund um die Uhr zu besichtigen.

Eintritt frei

Führungen nach Vereinbarung in deutscher,
englischer, italienischer, portugiesischer
und spanischer Sprache

S-Bahn: S1 oder S2 bis „Nordbahnhof",
weiter mit Bus 245 bis „Bernauer Straße"
U-Bahn: U8 bis „Bernauer Straße"
Tram: M10 bis „Gedenkstätte
Berliner Mauer"

Kapelle der Versöhnung

Als Kirche der Versöhnungsgemeinde und
Teil der Gedenkstätte Berliner Mauer
ist die Kapelle der Versöhnung ein Ort des
Erinnerns und der Andacht. Seit dem
Mauerbau 1961 lag die Kirche der Evangelischen Versöhnungsgemeinde unerreichbar
im Todesstreifen. Im Jahr 1985 wurde sie
auf Befehl der DDR-Regierung gesprengt.
Am 9. November 1999, zehn Jahre nach dem
Fall der Mauer, wurde auf dem Fundament
der Versöhnungskirche das Richtfest der
Kapelle gefeiert und genau ein Jahr darauf
die Einweihung vorgenommen.

Dienstag bis Freitag von 12.00 – 12.15 Uhr wird mit einer öffentlichen Andacht an einen Menschen erinnert, der an der Berliner Mauer zu Tode kam.

Kapelle der Versöhnung
Bernauer Straße 4, 10115 Berlin

Tel.: 030 - 463 60 34
info@kapelle-versoehnung.de
www.kapelle-versoehnung.de

Öffnungszeiten:
Mittwoch bis Sonntag: 10 – 17 Uhr
Gottesdienst: Sonntag 10 Uhr
Andachten und Gebete: Freitag 18 Uhr,
Samstag 12 Uhr

Eintritt frei

S-Bahn: S1 oder S2 bis „Nordbahnhof",
weiter mit Bus 245 bis „Bernauer Straße"
U-Bahn: U8 bis „Bernauer Straße"
Tram: M10 bis „Gedenkstätte
Berliner Mauer"

Erinnerungsstätte Notaufnahmelager Marienfelde e.V.

Im ehemaligen Notaufnahmelager Marienfelde wird an die Geschichte der deutsch-deutschen Fluchtbewegung von 1949 bis 1990 erinnert. Auf 500m² Ausstellungsfläche werden die Fluchtgründe und Fluchtwege aus der DDR, das Notaufnahmeverfahren und die Aufnahme der Flüchtlinge in West-Berlin und in der Bundesrepublik umfassend erklärt und Flüchtlingsschicksale dargestellt.

Erinnerungsstätte Notaufnahmelager Marienfelde e.V.
Marienfelder Allee 66 – 80, 12277 Berlin

Tel.: 030 - 75 00 84 00
info@notaufnahmelager-berlin.de
www.enm-berlin.de

Öffnungszeiten:
Dienstag bis Sonntag: 10 – 18 Uhr

Eintritt frei

Führungen: Mittwoch und Sonntag 15 Uhr
Führungsentgelt: 2.50 €, ermäßigt 1,50 €
Gruppenführungen nach Vereinbarung

S-Bahn: S2 bis „Marienfelde"
Bus: M77 und M277 bis „Stegerwaldstraße"

Bildungszentrum Berlin des Bundesbeauftragten für die Unterlagen des Staatssicherheitsdienstes der ehemaligen DDR

Das Bildungszentrum informiert mit einer Ausstellung über Struktur, Tätigkeit und Wirkungsweise des Ministeriums für Staatssicherheit, der Geheimpolizei der DDR, als Instrument der kommunistischen Parteidiktatur.

Die Ausstellung ist in drei Bereiche gegliedert: Der MfS-Bereich informiert über Ideologie, Funktion, Methoden und Mitarbeiter der Geheimpolizei. In einem biografischen Bereich werden Schicksale von Menschen nachgezeichnet, die von der Staatssicherheit überwacht und „bearbeitet" worden sind. Ein dritter Bereich zeigt schließlich den Zugriff der Stasi auf das alltägliche Leben in der DDR.

Bildungszentrum Berlin des Bundes-
beauftragten für die Unterlagen
des Staatssicherheitsdienstes
der ehemaligen DDR
Zimmerstraße 90 / 91, 10117 Berlin

Tel.: 030 - 23 24 79 51
bildungszentrum@bstu.de
www.bstu.de

Öffnungszeiten:
Täglich von 10 – 18 Uhr
(außer an Sonn- und Feiertagen)

Eintritt frei

Gruppenführungen nach Vereinbarung

U-Bahn: U6 bis „Kochstraße"
Bus: M29 bis „Kochstraße / Checkpoint
Charlie", M48 bis „Stadtmitte"

Gedenkstätte
Berlin-Hohenschönhausen

Die Gedenkstätte repräsentiert die
44-jährige Geschichte politischer Verfolgung
in der Sowjetischen Besatzungszone
und der DDR. Die sowjetische Besatzungsmacht errichtete auf dem Gelände ein
„Speziallager" und betrieb nach dessen
Schließung im Oktober 1946 im Keller des
Gebäudes das zentrale sowjetische
Untersuchungsgefängnis für Deutschland.
1952 übernahm das Ministerium für
Staatssicherheit das Gefängnis und führte
es bis 1989 als zentrale Stasi-Untersuchungshaftanstalt der DDR weiter.

Gedenkstätte Berlin-Hohenschönhausen
Genslerstraße 66, 13055 Berlin

Tel.: 030 - 98 60 82 30
info@stiftung-hsh.de
www.stiftung-hsh.de

Die Besichtigung des Gefängnisses ist nur
im Rahmen von Führungen möglich.

Führungen für Einzelbesucher:
Montag bis Freitag: 11 Uhr und 15 Uhr
Samstag und Sonntag stündlich zwischen
10 Uhr und 16 Uhr

Gruppenführungen:
Täglich von 9 – 16 Uhr nach Voranmeldung
unter Tel.: 030 - 98 60 82 30
oder Fax: 030 - 98 60 82 34

Eintritt: 5 €, ermäßigt 2,50 €, Schüler 1 €

Tram: M5 ab „Alexanderplatz"
oder „Landsberger Allee"
bis „Freienwalder Straße";
M6 ab „Hackescher Markt" bis „Genslerstraße / Freienwalder Straße"

Forschungs- und Gedenkstätte
Normannenstraße

Die Forschungs- und Gedenkstätte ist im
ehemaligen Amtssitz von Stasi-Minister Erich
Mielke in Berlin-Lichtenberg eingerichtet.
Träger ist der 1990 von Mitgliedern des
Bürgerkomitees und Bürgerrechtlern
gegründete Verein „Antistalinistische Aktion
Berlin-Normannenstraße" (ASTAK).

Zu besichtigen sind neben den im Original-
zustand erhaltenen Amtsräumen des
Stasi-Ministers eine Dauerausstellung sowie
Sonderausstellungen über das Ministerium
für Staatssicherheit und das politische
System der DDR.

Forschungs- und Gedenkstätte
Normannenstraße
Ruschestraße 103, Haus I, 10365 Berlin

Tel.: 030 - 553 68 54
info@stasimuseum.de
www.stasimuseum.de

Öffnungszeiten:
Montag bis Freitag: 11 – 18 Uhr
Samstag und Sonntag: 14 – 18 Uhr

Führungen nach Vereinbarung

Eintritt: 5 €, ermäßigt 4 €, Schüler 3 €
Gruppenermäßigungen ab 10 Personen

U-Bahn: U5 bis „Magdalenenstraße",
Ausgang Ruschestraße

Polizeihistorische Sammlung des Polizeipräsidenten in Berlin

Neben wechselnden Sonderausstellungen
informiert eine ständige Ausstellung im
Polizeipräsidium über acht Jahrhunderte
Berliner Polizeigeschichte. Die Bandbreite
der Schau erstreckt sich vom polizeilichen
Arbeitsalltag in Vergangenheit und Gegenwart bis hin zur Präsentation von
Uniformen, Waffen und Tatwerkzeugen aus
diversen Kriminalfällen.

Zu den Exponaten des Museums gehört
das Wachhäuschen des West-Berliner
Zolls an der Glienicker Brücke.

Polizeihistorische Sammlung
des Polizeipräsidenten in Berlin
Platz der Luftbrücke 6, 12101 Berlin

Tel.: 030 - 46 64 99 47 62
phs@polizei.verwalt-berlin.de
www.berlin.de/polizei/wir-ueber-uns/Historie

Öffnungszeiten:
Montag bis Mittwoch: 9 – 15 Uhr
Eintritt: 2 €, ermäßigt 1 €,
Führungen: 2 € zzgl. 1 € pro Person

Führungen Montag bis Freitag
nach Vereinbarung

U-Bahn: U6 bis „Platz der Luftbrücke"
Bus: 104, 248 bis „Flughafen Tempelhof";
104, 248, N42, N6
bis „Platz der Luftbrücke"

Berliner S-Bahn-Museum, Potsdam

Im ehemaligen Umspannwerk Griebnitzsee,
an der Stadtgrenze Berlin-Potsdam,
informiert das ehrenamtlich geführte
Museum über die Geschichte der Berliner
S-Bahn, besonders auch während der
Teilung der Stadt. Die Präsentation zahlreicher technischer Exponate, vom Fahr-
kartenautomaten aus Uromas Zeiten bis
hin zum Stellwerksignal, wird durch eine
Schautafel-Dokumentation ergänzt.

Berliner S-Bahn-Museum, Potsdam
Rudolf-Breitscheid-Straße 203,
14482 Potsdam

Postanschrift:
Berliner S-Bahn-Museum GbR,
c/o Deutscher Bahnkunden-Verband,
Kurfürstendamm 11, 10719 Berlin

Tel.: 030 - 78 70 55 11
info@s-bahn-museum.de
www.s-bahn-museum.de

Öffnungszeiten:
April bis November an jedem zweiten
Wochenende im Monat: 11 – 17 Uhr

Eintritt: 2 €,
Kinder und Jugendliche bis 18 Jahre 1 €

S-Bahn: S7 bis „Griebnitzsee"
RegionalBahn: RB21 bis „Griebnitzsee"
Bus: 694 und 696 bis „Griebnitzsee"

Mauermuseum – Museum Haus am Checkpoint Charlie

In deutscher, englischer, französischer und russischer Sprache informiert das Museum am einstigen alliierten Sektorenübergang über die Geschichte der Berliner Mauer. Das am 14. Juni 1963 von Rainer Hildebrandt eröffnete Haus am Checkpoint Charlie präsentiert mehrere Ausstellungsbereiche, darunter „Die Mauer – Geschichte und Geschehnisse", „Originale Objekte gelungener Fluchten unter, auf und über der Erde" und „Es geschah am Checkpoint Charlie".

Mauermuseum –
Museum Haus am Checkpoint Charlie
Friedrichstraße 43–45, 10969 Berlin

Tel.: 030 - 25 37 25 0
info@mauermuseum.de
www.mauermuseum.de

Öffnungszeiten:
Täglich von 9 – 22 Uhr

Eintritt: Erwachsene 12,50 €,
Schüler und Studenten 9,50 €,
Gruppen ab 20 Personen 8,50 €

U-Bahn: U6 bis „Kochstraße";
U2 bis „Stadtmitte"
Bus: M29 bis „Kochstraße / Checkpoint Charlie"

Gedenkstätte „Lindenstraße 54/55 für die Opfer politischer Gewalt im 20. Jahrhundert", Potsdam

Im früheren Potsdamer Amtsgerichtsgefängnis befand sich während der Zeit der kommunistischen Diktatur ein Geheimdienstgefängnis. Der Zellentrakt ist im authentischen Zustand von 1989 zu besichtigen.

Von 1945 bis 1952 betrieb der sowjetische Geheimdienst an diesem Ort sein Untersuchungsgefängnis für das Land Brandenburg.

Nach der Übergabe an den DDR-Staatssicherheitsdienst 1952 befand sich hier bis 1989 ein Stasi-Untersuchungsgefängnis für politische Häftlinge. Nahezu 7.000 Menschen wurden in dieser Zeit im Potsdamer Stasi-Gefängnis inhaftiert, darunter fast 2.000 unter dem Vorwurf, einen Fluchtversuch aus der DDR geplant oder durchgeführt zu haben.

Gedenkstätte „Lindenstraße 54/55 für die Opfer politischer Gewalt im 20. Jahrhundert"
Lindenstraße 54/55, 14467 Potsdam

Tel.: 03 31 - 289 68 03
geschichte-museum@rathaus.potsdam.de
www.gedenkstaette-lindenstrasse.de

Öffnungszeiten:
Dienstag bis Sonntag: 10 – 18 Uhr

Eintritt: 1,50 €, ermäßigt 1 €;
bei Gruppenführungen 3 € pro Person

Gruppenführungen nach Vereinbarung

Tram: X98 und 91 von Potsdam-Hauptbahnhof bis „Dortusstraße",
dann 5 Min. Fußweg zur Lindenstraße

Villa Schöningen / Ein deutsch-deutsches Museum, Potsdam

Die Villa Schöningen ist ein unmittelbar an der Glienicker Brücke gelegenes Museum des Kalten Krieges. Das zwischen 1843 und 1845 von Ludwig Perseus errichtete Gebäude beherbergt eine multimediale Dauerausstellung zur Geschichte der Glienicker Brücke und ihrer Rolle in der Zeit der deutschen Teilung („Spione – Mauer – Kinderheim: an der Brücke zwischen den Welten").

Villa Schöningen / Ein deutsch-deutsches Museum, Potsdam
Berliner Straße 86, 14467 Potsdam

Tel.: 03 31 - 200 17 41
office@villa-schoeningen.de
www.villa-schoeningen.de

Öffnungszeiten:
Dienstag bis Freitag: 11 – 18 Uhr,
Samstag und Sonntag: 10 – 18 Uhr

Eintritt: 8 €, ermäßigt 6 €,
für Gruppen (mehr als 5 Personen)
5 € pro Person

Tram: Von Potsdam Hauptbahnhof: 93 bis „Glienicker Brücke"
S-Bahn: Von Berlin: S1 oder S7 bis „Wannsee Bhf", dann Bus 316 bis „Glienicker Brücke"

Deutsches Historisches Museum

In den Räumen des historischen Zeughauses Unter den Linden gibt das Museum einen Überblick über 2.000 Jahre deutscher Geschichte. Auf 7.500 m² Ausstellungsfläche vermitteln 8.000 ausgewählte Exponate, ergänzt durch multimediale Elemente, ein anschauliches Bild der Vergangenheit.

Die umfangreiche Schau führt im Obergeschoß vom 1. Jahrhundert nach Christus bis zum Ende des Kaiserreiches 1918, im Erdgeschoß durch die Geschichte der Weimarer Republik, des NS-Regimes, der Nachkriegszeit und der beiden deutschen Staaten bis hin zum Abzug der Alliierten 1994.

Wechselnde Sonderausstellungen, auch zu Themen der Zeitgeschichte, ergänzen die ständige Ausstellung.

Deutsches Historisches Museum
Unter den Linden 2, 10117 Berlin

Tel.: 030 - 20 30 44 44
Anmeldungen für Gruppenbesuche:
Tel.: 030 - 20 30 47 -50, -51
www.dhm.de

Öffnungszeiten:
Täglich von 10 – 18 Uhr

Eintritt: 4 €, Kinder und Jugendliche unter 18 Jahren Eintritt frei

S-Bahn: S5, S7, S75, S9
bis „Hackescher Markt";
S1, S2, S25, S5, S7, S75, S9
bis „Friedrichstraße"
U-Bahn: U6 bis „Französische Straße"
oder „Friedrichstraße";
U2 bis „Hausvogteiplatz"

The Story of Berlin

Die privat organisierte Ausstellung nimmt eine Zeitreise durch 800 Jahre Berliner Geschichte vor, von der ersten Erwähnung als Handelsplatz im 13. Jahrhundert bis in die Gegenwart. In begehbaren Kulissen, ausgestattet mit Licht- und Toninszenierungen, Dia- und Videoprojektionen sowie Touchscreens ist die Berlin-Geschichte zu hören, zu sehen, zu riechen und zu fühlen.

The Story of Berlin
Kurfürstendamm 207 / 208, 10719 Berlin
(im Ku' Damm Karree)

Tel.: 030 - 88 72 01 00
info@story-of-berlin.de
www.story-of-berlin.de

Öffnungszeiten:
Täglich von 10 – 20 Uhr
(Einlass bis 18 Uhr)

Eintritt: 10 €, ermäßigt 8 €
Gruppen ab 10 Personen: 8 €
Schülergruppen pro Person: 5 €
Kinder von 6 bis 14 Jahren: 5 €
Familienkarte (2 Erwachsene und
bis zu 3 Kinder): 23 €

S-Bahn: S3, S5, S7, S8, S9, S75
bis „Savignyplatz" oder „Zoologischer Garten"
U-Bahn: U15 bis „Uhlandstraße";
U9 bis „Kurfürstendamm";
U2 bis „Zoologischer Garten"
Bus: X10, 109, 110, 119, 129, 219
bis „Uhlandstraße";
249 bis „Lietzenburger Straße / Uhlandstraße"

DDR Museum Berlin

Das private Museum erzählt vom Alltag in der DDR, ohne die Diktatur auszublenden. Die Ausstellung präsentiert Alltagsgegenstände zum Anfassen und Nacherleben: Ein Trabi lädt zum Einsteigen ein, eine Plattenbausiedlung kann durch eine simulierte Fahrt nachempfunden werden, in der DDR-Wohnzimmer-Schrankwand Karat darf gestöbert werden. Multimediale und interaktive Stationen informieren über Wirtschaft, Staat, „bewaffnete Organe" sowie über die Partei und ihre Ideologie.

DDR Museum Berlin
Karl-Liebknecht-Straße 1, 10178 Berlin
(direkt an der Spree,
gegenüber dem Berliner Dom)

Tel.: 030 - 847 12 37 31 (Kasse),
030 - 847 12 37 30 (Büro)
post@ddr-museum.de
www.ddr-museum.de

Öffnungszeiten:
Täglich von 10 – 20 Uhr,
Samstag bis 22 Uhr

Eintritt: 6 €, ermäßigt 4 €,
Gruppen 4 € pro Person.

S- und U-Bahn: S3, S5, S7, S75, U2,
U5, U8 bis „Alexanderplatz";
S-Bahn: S5, S7, S75, S9
bis „Hackescher Markt"
Tram: M5, M4, M6 bis „Spandauer Straße"
Bus: 100, 200, 248, M48, TXL bis
„Spandauer Straße"

Weitere Gedenk- und Erinnerungsorte

Wachturm Kieler Eck – Gedenkstätte Günter Litfin e.V.

Die Gedenk- und Dokumentationsstätte erinnert an Günter Litfin, den ersten Erschossenen an der Berliner Mauer. Sie präsentiert Original-Dokumente sowie multimediale Informationen und stellt Seminarräume zur Verfügung.

Wachturm Kieler Eck –
Gedenkstätte Günter Litfin e.V.
Kieler Straße 2, 10115 Berlin

Kontakt: Jürgen Litfin, Fischerinsel 2, 10179 Berlin

Tel.: 030 – 23 62 61 83,
0163 – 379 72 90

Öffnungszeiten:
März bis Oktober, täglich von 12 – 17 Uhr

U-Bahn: U6 bis „Schwartzkopffstraße"
Bus: 147 von „Bahnhof Friedrichstraße"
bis „Bundeswehrkrankenhaus"

Checkpoint Bravo – Erinnerungs- und Begegnungsstätte Grenzkontrollpunkt Dreilinden / Drewitz

„Checkpoint Bravo" nannten die West-Alliierten die Kontrollstelle Dreilinden auf Westberliner Seite. Von der DDR-Grenzübergangsstelle Drewitz auf der anderen Seite ist heute nur noch der Kommandantenturm der Grenztruppen erhalten.

Der Wachturm dient als Veranstaltungsort der politischen Bildung sowie als Begegnungsstätte. Eine Dauerausstellung informiert über die Geschichte des Ortes.

Checkpoint Bravo –
Erinnerungs- und Begegnungsstätte
Grenzkontrollpunkt Dreilinden / Drewitz
Albert-Einstein-Ring 45,
14532 Kleinmachnow

www.checkpoint-bravo.de

Öffnungszeiten: Juni bis Oktober
Donnerstag bis Sonntag: 10 – 18 Uhr

Eintritt frei

Anmeldungen für Gruppenbesuche:
Tel.: 03 32 03 – 24 87 0

Anfahrt: A 115, Europarc,
zwischen Wannsee und Kleinmachnow

Wachturm Bergfelde – Naturschutzzentrum der Deutschen Waldjugend

Der ehemalige Grenzturm zwischen Berlin-Frohnau und dem Hohen Neuendorfer Ortsteil Bergfelde ist seit 1990 ein Naturschutz-Zentrum der Deutschen Waldjugend mit vielfältigen Angeboten, insbesondere für Jugendliche.

Wachturm Bergfelde – Naturschutz-
zentrum der Deutschen Waldjugend e.V.
Postfach 100 133, 16535 Hohen Neuendorf

Tel.: 030 - 406 31 21 (Helga Garduhn)
Tel.: 033 03 - 50 98 44 (Marian Przybilla)
kontakt@naturschutzturm.de
www.naturschutzturm.de

Öffnungszeiten:
Freitag: 15 – 17 Uhr und nach Vereinbarung

Eintritt frei

S-Bahn: S1 bis S-Bahnhof
„Hohen Neuendorf", dann Fußweg über
Bahnstraße, Ha nweg, Parkstraße und
den anschließenden Waldweg
Bus: 125 vom S-Bahnhof
„Berlin-Frohnau" bis „Hubertusweg",
dann Fußweg über Klarastraße

Wachturm Nieder Neuendorf

In der gut erhaltenen früheren Führungs-
stelle der DDR-Grenztruppen informiert
eine Ausstellung über das Grenzregime
und seine Opfer

Wachturm Nieder Neuendorf
Dorfstraße, 16761 Nieder Neuendorf

Kontakt: Christoph Schneider,
Stadtarchiv Hennigsdorf, Hauptstraße 3,
16761 Hennigsdorf

Tel.: 033 02 - 87 73 12
stadtarchiv@hennigsdorf.de
www.hennigsdorf.de

Öffnungszeiten: Im Sommerhalbjahr
Dienstag bis Samstag
und an Feiertagen von 10 – 18 Uhr

Bus: 136 (Hennigsdorf – Spandau)
bis Nieder Neuendorf „Am Dorfanger"

Wachturm Schlesischer Busch – Museum der verbotenen Kunst

Neben Wechselausstellungen über die
künstlerische Auseinandersetzung mit
dem Thema Grenze wird im ehemaligen
Grenzturm eine Dokumentation zur
Geschichte des Ortes gezeigt.

Wachturm Schlesischer Busch –
Museum der verbotenen Kunst
Flutgraben e.V., Am Flutgraben 3,
12435 Berlin

Tel.: 030 - 53 21 96 58
lue@kunstfabrik.org
www.kunstfabrik.org

Öffnungszeiten:
Von Mai bis Oktober
Donnerstag bis Samstag: 14 – 18 Uhr

S-Bahn: S41, S42, S8, S85, S9
bis „Treptower Park"
U-Bahn: U1 bis „Schlesisches Tor"

„Parlament der Bäume" / Mauermahnmal im Marie-Elisabeth-Lüders-Haus

Das „Parlament der Bäume" liegt gegen-
über dem Reichstag am Schiffbauerdamm.
Der Gedenkort gegen Krieg und Gewalt
wurde 1990 von dem Berliner Künstler
Ben Wagin auf dem ehemaligen Grenz-
streifen angelegt und von verschiedenen
Künstlern ausgestaltet. Die Installation aus
Bäumen, Gedenksteinen, Skulpturen und
Mauersegmenten erstreckt sich bis ins
Marie-Elisabeth-Lüders-Haus, in dem die
Bibliothek des Deutschen Bundestages
untergebracht ist.

„Parlament der Bäume" / Mauermahnmal
im Marie-Elisabeth-Lüders-Haus
Promenade Schiffbauerdamm,
10117 Berlin

www.berlin.de/mauer/gedenkstaetten/
parlament_der_baeume/index.de.php
www.benwagin.de

Öffnungszeiten:
Freitag bis Sonntag: 11 – 17 Uhr

Eintritt frei

S-Bahn: S2 bis „Brandenburger Tor";
S25, S26, S3, S5, S7 bis „Friedrichstraße"
Bus: 200, 347 bis „Friedrichstraße"
U-Bahn: U6 bis „Friedrichstraße"

East Side Gallery

Als East-Side-Gallery präsentiert sich ein
1.300 Meter langes Stück der östlichen
Seite der Mauer zwischen der Oberbaum-
brücke und dem Ostbahnhof in Friedrichshain. Unter Beteiligung von über einhun-
dert internationalen Künstlern entstand
1990 die größte „Open-Air Galerie" der Welt.

East Side Gallery
Mühlenstraße, 10243 Berlin

Kontakt:
Künstlerinitiative East Side Gallery e.V.,
c/o Kani Alavi, Friedrichstraße 206,
10969 Berlin

Tel.: 030 - 251 71 59
info@eastsidegallery.com
www.eastsidegallery.com

S-Bahn: S3, S5, S75, S9 bis „Ostbahnhof"
U-Bahn: U1 bis „Warschauer Straße"

Berliner Mauerweg

Der insgesamt etwa 160 km lange Berliner
Mauerweg erschließt den Verlauf der
ehemaligen Sperranlagen rund um West-
Berlin. Die Rad- und Wanderroute verläuft
zumeist auf dem ehemaligen Zollweg
(West-Berlin) oder auf dem so genannten
Kolonnenweg, den die DDR-Grenztruppen
für ihre Kontrollfahrten anlegten. Detailliert
dazu siehe: Michael Cramer, Berliner Mauer-
Radweg, 2. Aufl., Rodingersdorf 2002.

www.berlin.de/mauer/mauerweg/index/
index.de.php

Literatur (Auswahl)

Aanerud, Kai-Axel / Knopp Guido (Hg.), 1991: Die eingemauerte Stadt. Die Geschichte der Berliner Mauer, Recklinghausen.

Ahonen, Pertti, 2011: Death at the Berlin Wall, Oxford.

Ausland, John C., 1996: Kennedy, Khrushchev, and the Berlin-Cuba-Crisis, 1961–1964, Oslo / Boston.

Behrendt, Hans-Dieter, 2003: Im Schatten der „Agentenbrücke". Die Glienicker Brücke – Symbol der deutschen Teilung, Schkeuditz.

Beschloss, Michael R., 1991: The Crisis Years: Kennedy and Khrushchev, 1960–1963, New York.

Beschloss, Michael R. / Talbott, Strobe, 1993: Auf höchster Ebene. Das Ende des Kalten Krieges und die Geheimdiplomatie der Supermächte 1989–1991, Düsseldorf.

Blees, Thomas, 1996: Glienicker Brücke. Ausufernde Geschichten, Berlin.

Bundesministerium für innerdeutsche Beziehungen (Hg.), 1986: Der Bau der Mauer durch Berlin. Faksimilierter Nachdruck der Denkschrift von 1961, Bonn.

Camphausen, Gabriele / Nooke, Maria (Hg.), 2002: Die Berliner Mauer / The Berlin Wall. Exhibition catalog, Berlin Wall Documentation Center, Dresden.

Cate, Curtis, 1980: Riss durch Berlin. Der 13. August 1961, Hamburg.

Cramer, Johannes u.a., 2011: Die Baugeschichte der Berliner Mauer, Petersberg.

Cramer, Michael, 2002: Berliner Mauer-Radweg, 2. Aufl., Rodingersdorf.

Detjen, Marion, 2005: Ein Loch in der Mauer. Die Geschichte der Fluchthilfe im geteilten Deutschland 1961–1989, München.

Diedrich, Torsten / Ehlert, Hans / Wenzke, Rüdiger (Hg.), 1998: Im Dienste der Partei. Handbuch der bewaffneten Organe der DDR, Berlin.

Effner, Bettina / Heidemeyer, Helge (Hg.), 2005: Flucht im geteilten Deutschland. Erinnerungsstätte Notaufnahmelager Marienfelde, Berlin.

Eisenfeld, Bernd, 1995: Die Zentrale Koordinierungsgruppe. Bekämpfung von Flucht und Ausreise, Berlin.

Eisenfeld, Bernd / Engelmann, Roger, 2001: 13.8.1961. Mauerbau. Fluchtbewegung und Machtsicherung, Bremen.

Flemming, Thomas / Koch, Hagen, 1999: Die Berliner Mauer. Geschichte eines politischen Bauwerks, Berlin.

Garton Ash, Timothy, 1993: Im Namen Europas. Deutschland und der geteilte Kontinent, München-Wien.

Gelb, Norman, 1986: The Berlin Wall. Kennedy, Krushchev and a Showdown in the Heart of Europe, New York.

Gieseke, Jens, 2001: Mielke-Konzern. Die Geschichte der Stasi 1945–1990, Stuttgart / München.

Grafe, Roman, 2004: Deutsche Gerechtigkeit. Prozesse gegen DDR-Grenzschützen und ihre Befehlsgeber, München.

Gründer, Ralf, 2007: Verboten: Berliner Mauerkunst, Köln-Weimar-Wien.

Harrison, Hope M., 2011: Ulbrichts Mauer. Wie die SED Moskaus Widerstand gegen den Mauerbau brach, Berlin.

Hauswald, Harald / Rathenow, Lutz, 2005: Ost-Berlin. Leben vor dem Mauerfall, Berlin.

Heidemeyer, Helge, 1994: Flucht und Zuwanderung aus der SBZ / DDR 1945 / 1949 – 1961, Düsseldorf.

Henke, Klaus-Dietmar (Hg.), 2011: Die Mauer. Errichtung – Überwindung – Erinnerung, München.

Hertle, Hans-Hermann, 1999: Der Fall der Mauer. Die unbeabsichtigte Selbstauflösung des SED-Staates, 2. Aufl., Opladen / Wiesbaden.

Hertle, Hans-Hermann, 2009: Chronik des Mauerfalls. Die dramatischen Ereignisse um den 9. November 1989, 12. Aufl., Berlin.

Hertle, Hans-Hermann / Elsner, Kathrin, 2009: Der Tag, an dem die Mauer fiel, Berlin.

Hertle, Hans-Hermann / Jarausch, Konrad H. / Kleßmann, Christoph (Hg.), 2002: Vom Mauerbau zum Mauerfall. Ursachen – Verlauf – Auswirkungen, Berlin.

Hertle, Hans-Hermann / Jarausch, Konrad H. (Hg.), 2006: Risse im Bruderbund. Die Gespräche Honecker – Breschnew, Berlin.

Hertle, Hans-Hermann / Nooke, Maria (Hg.), 2009: Die Todesopfer an der Berliner Mauer. Ein biographisches Handbuch, 2. Aufl., Berlin.

Hertle, Hans-Hermann / Wolle, Stefan, 2004: Damals in der DDR. Der Alltag im Arbeiter- und Bauernstaat, München.

Hildebrandt, Alexandra, 2001: Die Mauer. Zahlen, Daten, Berlin.

Hildebrandt, Rainer, 2004: Es geschah an der Mauer / It happened at the Wall / Cela s'est passe au mur, 21. Aufl., Berlin.

Hollitzer, Tobias / Bohse, Reinhard (Hg.), 2000: Heute vor 10 Jahren. Leipzig auf dem Weg zur friedlichen Revolution, Fribourg.

„Im Politbüro des ZK der KPdSU …". Nach Aufzeichnungen von Anatolij Tschernajew, Wadim Medwedew und Georgij Schachnasarow, Moskau 2006 (in russischer Sprache).

Jarausch, Konrad H., 1995: Die unverhoffte Einheit 1989 / 90, Frankfurt am Main.

Kaminsky, Anna / Gleinig, Ruth / Heidenreich, Ronny, 2009: Die Berliner Mauer in der Welt, hg. im Auftrag der Bundesstiftung zur Aufarbeitung der SED-Diktatur, Berlin.

Klausmeier, Axel / Schmidt, Leo, 2004: Mauerreste – Mauerspuren. Der umfassende Führer zur Berliner Mauer, Berlin.

Knabe, Hubertus (Hg.), 2009: Die vergessenen Opfer der Mauer. Inhaftierte DDR-Flüchtlinge berichten, Berlin.

Koop, Volker, 1996: „Den Gegner vernichten". Die Grenzsicherung der DDR, Bonn.

Kowalczuk, Ilko-Sascha, 2009: Endspiel. Die Revolution von 1989 in der DDR, München.

Kuhlmann, Bernd, 1998: Züge durch Mauer und Stacheldraht, Berlin.

Kunze, Gerhard, 1999: Grenzerfahrungen. Kontakte und Verhandlungen zwischen dem Land Berlin und der DDR 1949 – 1989, Berlin.

Laabs, Rainer / Sikorski, Werner, 1997: Checkpoint Charlie und die Mauer. Ein geteiltes Volk wehrt sich, Berlin.

Lapp, Peter Joachim, 1999: Gefechtsdienst im Frieden. Das Grenzregime der DDR 1945 – 1990, Bonn.

Lapp, Peter Joachim / Ritter, Jürgen, 2011: Die Grenze. Ein deutsches Bauwerk, 8. Aufl., Berlin.

Lemke, Michael, 1995: Die Berlinkrise 1958 – 1963, Berlin.

Maier, Charles S., 1999: Das Verschwinden der DDR und der Untergang des Kommunismus, Frankfurt am Main.

Marxen, Klaus / Werle, Gerhard (Hg.), 2002: Strafjustiz und DDR-Unrecht. Dokumentation. 2 Bde., 2. Teilband: Gewalttaten an der deutsch-deutschen Grenze, Berlin.

Marxen, Klaus / Werle, Gerhard / Schäfter, Petra, 2007: Die Strafverfolgung von DDR-Unrecht. Fakten und Zahlen, Berlin.

Müller, Bodo, 2008: Faszination Freiheit. Die spektakulärsten Fluchtgeschichten, 5. Aufl., Berlin.

Neubert, Ehrhart, 2008: Unsere Revolution. Die Geschichte der Jahre 1989 / 90, München.

Nooke, Maria, 2002: Der verratene Tunnel. Geschichte einer verhinderten Flucht im geteilten Berlin, Bremen.

Nooke, Maria / Dollmann, Lydia (Hg.), 2011: Fluchtziel Freiheit. Berichte von DDR-Flüchtlingen über die Situation nach dem Mauerbau, Berlin.

Oplatka, Andreas, 2009: Der erste Riss in der Mauer. September 1989 – Ungarn öffnet die Grenze, Wien.

Petschull, Jürgen, 1990: Die Mauer. August 1961. Zwölf Tage zwischen Krieg und Frieden, 3. Aufl., Hamburg.

Plato, Alexander von, 2009: Die Vereinigung Deutschlands – ein weltpolitisches Machtspiel, 3. Aufl., Berlin.

Pond, Elizabeth, 1993: Beyond the Wall. Germany's Road to Unification, Washington, D.C.

Rathje, Wolfgang, 2001: „Mauer-Marketing" unter Erich Honecker, Kiel.

Rehlinger, Ludwig A., 1991: Freikauf. Die Geschäfte der DDR mit politisch Verfolgten 1963 – 1989, Berlin / Frankfurt a. M.

Rühle, Jürgen / Holzweißig Gunter (Hg.), 1988: 13. August 1961. Die Mauer von Berlin, 3. Aufl., Köln.

Rummler, Thoralf, 2000: Die Gewalttaten an der deutsch-deutschen Grenze vor Gericht, Baden-Baden.

Sälter, Gerhard, 2004: Der Abbau der Berliner Mauer und noch sichtbare Reste in der Berliner Innenstadt, Berlin.

Sarotte, Mary E., 2009: 1989. The Struggle to Create Post-Cold War Europe, Princeton.

Sauer, Heiner / Plumeyer, Hans-Otto, 1991: Der Salzgitter Report. Die Zentrale Erfassungsstelle berichtet über Verbrechen im SED-Staat, München.

Schnell, Gabriele, 2009: Das „Lindenhotel". Berichte aus dem Potsdamer Geheimdienstgefängnis, 3. Aufl., Berlin.

Schroeder, Klaus, 1998: Der SED-Staat. Partei, Staat und Gesellschaft 1949 – 1990, München.

Schuller, Wolfgang, 2009: Die deutsche Revolution 1989, Berlin.

Schultke, Dietmar, 2000: „Keiner kommt durch". Die Geschichte der innerdeutschen Grenze 1945 – 1990, 2. Aufl., Berlin.

Schumann, Karl F. u. a., 1996: Private Wege der Wiedervereinigung. Die deutsche Ost-West-Migration vor der Wende, Weinheim.

Sesta, Ellen, 2001: Der Tunnel in die Freiheit, München.

Steininger, Rolf, 2009: Berlinkrise und Mauerbau 1958 bis 1963, 4. erw. Aufl., München.

Süß, Walter, 1999: Staatssicherheit am Ende. Warum es den Mächtigen nicht gelang, 1989 eine Revolution zu verhindern, Berlin.

Taylor, Frederick, 2009: Die Mauer. 13. August 1961 bis 9. November 1989, Berlin.

Tusa, Ann, 1996: The Last Division. Berlin and the Wall, London.

Uhl, Matthias, 2008: Krieg um Berlin? Die sowjetische Militär- und Sicherheitspolitik in der zweiten Berlin-Krise 1958 bis 1962, München.

Uhl, Matthias / Wagner, Armin (Hg.), 2003: Ulbricht, Chruschtschow und die Mauer. Eine Dokumentation, München.

Wagner, Armin, 2002: Walter Ulbricht und die geheime Sicherheitspolitik der SED, Berlin.

Weidenfeld, Werner (mit Peter Wagner und Elke Bruck), 1998: Außenpolitik für die deutsche Einheit: Die Entscheidungsjahre 1989 / 90, Stuttgart.

Wenzel, Otto, 1995: Kriegsbereit. Der Nationale Verteidigungsrat der DDR 1960 – 1989, Köln.

Wettig, Gerhard, 2006: Chruschtschows Berlin-Krise, 1958 – 1963, München.

Wettig, Gerhard, 2011: Chruschtschows Westpolitik 1955 – 1964, München.

Wetzlaugk, Udo, 1988: Die Alliierten in Berlin, Berlin.

Whitney, Craig R., 1993: Advocatus Diaboli: Wolfgang Vogel – Anwalt zwischen Ost und West. Berlin.

Wilke, Manfred, 2011: Der Weg zur Mauer: Stationen der Teilungsgeschichte, Berlin.

Wolle, Stefan, 2009: Die heile Welt der Diktatur. Alltag und Herrschaft in der DDR 1971 – 1989, 3. Aufl., Berlin.

Wolle, Stefan, 2011: Aufbruch nach Utopia. Alltag und Herrschaft in der DDR 1961 – 1971, Berlin.

Wyden, Peter, 1995: Die Mauer war unser Schicksal, Berlin 1995.

Zelikow, Philip / Rice, Condoleezza, 1997: Sternstunde der Diplomatie. Die deutsche Einheit und das Ende der Spaltung Europas, Berlin.

Anmerkungen

1 / Wo die Mauer stand

S. 23 Zahlenangaben zur Berliner Mauer siehe: „Auskunft zum Grenzkommando-Mitte und der Staatsgrenze der DDR zu Westberlin", Streng Geheim ‹März 1989›, sowie „Sicherung der Staatsgrenze im Bezirk Potsdam", 12. Mai 1989, in: BStU, MfS, Büro Neiber Nr. 60; Der Polizeipräsident in Berlin [PHS].

2 / Vor dem Mauerbau

S. 31 Zitat Churchill: siehe Robert R. James, Winston S. Churchill: His Complete Speeches 1897–1963, Vol. VII: 1943–1949, New York / London 1974, S. 7285–7293.
S. 34 Flüchtlingsberichte: BMiB 1986, S. 64; Flucht-Statistik: Monatsmeldungen des Bundesministeriums für Vertriebene, Flüchtlinge und Kriegsgeschädigte, dok. in: Rühle / Holzweißig 1988, S. 154. **S. 35** Zitat Mikojan in: SAPMO-BA, DY 30 / J IV 2 / 2 / 766.
S. 36f. Zur Berlin-Krise 1958–1963 siehe: Lemke 1995, Ausland 1996, Steininger 2001, Eisenfeld / Engelmann 2001, Harrison 2011, Uhl / Wagner 2003, Wettig 2006. **S. 37** Zitat Chruschtschow in: Hans Kroll, Lebenserinnerungen eines Botschafters, Berlin 1967, S. 512. **S. 39** Zitate von der internationalen Pressekonferenz Walter Ulbrichts in: Dokumente zur Deutschlandpolitik, IV / 6 (1961), S. 925ff.

3 / Der Bau der Mauer

S. 44 Zitat Ost-Berliner Arzt in: BA, B 285 / 389, Nr. 17503 vom 22.8.1961. **S. 45** Zitat DDR-Ministerrat in: Rühle / Holzweißig 1988, S. 95; Zitat Senats-Kommuniqué: Bulletin des Presse- und Informationsamtes der Bundesregierung Nr. 150, 15. August 1961,

S. 1455; Zitat Messmer: Interview des Autors mit Pierre Messmer, 13. März 2001 (TNM-Dokumentarfilm Mauerbau); Zitat Kissinger: Interview des Autors mit Henry Kissinger, 20. April 2001 (TNM-Dokumentarfilm Mauerbau). **S. 48** Zu Conrad Schumann: Der Polizeipräsident in Berlin, Vermerk über gesprächsweise Abhörung eines Überläufers der Bereitschaftspolizei am 15.8.1961 bei der Polizeiinspektion Wedding, Berlin, den 16.8.1961 [PHS]; Süddeutsche Zeitung, 14. / 15.8.1991; WDR 5, Bilder im Kopf, 5. 2. 2007. **S. 49** Zitat Wesner: Interview des Autors mit Lothar Wesner, 2. April 2001 (TNM-Dokumentarfilm Mauerbau).
S. 50 Zitat Brandt: Rede des Regierenden Bürgermeisters von Berlin, Brandt, auf einer Kundgebung in Berlin, 16. August 1961, in: Dokumente zur Deutschlandpolitik, IV / 7 (1961) S. 53. **S. 51** Zitat Kennedy an Brandt, 18. August 1961: U.S. Department of State (Hg.), Foreign Relations of the United States, Vol. XV: Berlin Crisis, 1962–1963, Washington 1994, S. 345 / 46; Zitat Kennedy an Johnson: Brief von US-Präsident Kennedy an Vizepräsident Johnson, 18. August 1961, zit. nach: Petschull 1990, Dok. 11, S. 233; Zitat Johnson, 19. August 1961: Rede des US-Vizepräsidenten Johnson auf einer Kundgebung in Berlin, 19. August 1961, in: Dokumente zur Deutschlandpolitik, IV / 7 (1961), S. 150. **S. 52** Zitat Johnson, 21.8.1961: Memorandum von Vizepräsident Johnson an US-Präsident Kennedy, 21. August 1961, zit. nach: Petschull 1990, Dok. 16, S. 249. *S. 53* Zitat SED-Politbüro in: Protokoll Nr. 45 / 61 der Sitzung des Politbüros des ZK der SED im Sitzungssaal des Politbüros, 22. August 1961, in: SAPMO-BA, DY 30 / J IV 2 / 2 / 787, S. 1ff.; zum Mord an Günter Litfin siehe: Jürgen Litfin, Tod

durch fremde Hand. Das erste Maueropfer in Berlin und die Geschichte einer Familie, Husum 2006; Christine Brecht in: Hertle / Nooke (Hg.) 2009, S. 37 – 39. **S. 56** Zitat Schaar: Interview von Ulrich Kasten mit Monika Schaar, 11. März 2001 (TNM-Dokumentarfilm Mauerbau). **S. 63** Zu „Letzter Zug in die Freiheit" siehe: Tätigkeitsbericht des S für den Monat Dezember 1961, Berlin, den 5.1.1962 [PHS]; Kuhlmann 1998, S. 16 – 22; Müller 2001, S. 10 – 27. **S. 64** Zitat Mielke in: BStU, MfS, SdM Nr. 1558, Bl. 36; Zitat Laetsch: Interview von Ulrich Kasten mit Helmut Laetsch, 26. Februar 2001 (TNM-Dokumentarfilm Mauerbau)

4 / Flucht / Fluchthilfe / Widerstand

S. 68 Zur Fluchthilfe grundlegend: Detjen 2005. **S. 70** „Gelungene Fluchten": Ritter / Lapp 2006, S. 176 und 180, sowie: Flüchtlinge seit dem 13.8.1961 gemäß polizeilicher Feststellungen (Jahresangaben nach der „Mauerstatistik" der Berliner Polizei), 28.10.1986 [PHS]. **S. 72** Zum Mord an Dieter Wohlfahrt: BStU, Ast. Potsdam, AU 1753 / 62; Der Spiegel Nr. 13, 28.3.1962, S. 54 / 55; Christine Brecht in: Hertle / Nooke (Hg.) 2009, S. 60 – 63. **S. 74** Zu Tunnelfluchten grundlegend: Arnold / Kellerhoff 2008; „Seniorentunnel": Der Tagesspiegel, 19.5.1962. **S. 77** „Tunnel 29": Sesta 2001. **S. 78** „Tunnel 57": Müller 2001, S. 75 – 102. **S. 80** Zitat Lazai: Hans-Joachim Lazai, Widerstand gegen die Mauer. Der Anschlag vom 26. Mai 1962, in: Hinckeldey-Stiftung (Hg.), Berliner Polizei. Von 1945 bis zur Gegenwart, Berlin 1998, S. 80 / 81; „Die Gewalt der anderen Seite hat mich sehr getroffen". Gespräch von Doris Liebermann mit Hans-Joachim Lazai, in: Deutschland Archiv 4 / 2006, S. 596 – 607. **S. 83** Zur

Rekonstruktion des Todes von Peter Fechter siehe den investigativen Fernsehbeitrag von Heribert Schwan, „Ein gewisser Peter Fechter", ARD-Dokumentarfilm, WDR Köln 1997; Christine Brecht in: Hertle / Nooke (Hg.) 2009, S. 101 – 104. **S. 84** Zitat Engels: Gespräch des Autors mit Wolfgang Engels, dok. in: Jürgen Wetzel (Hg.), Berlin in Geschichte und Gegenwart. Jahrbuch des Landesarchivs Berlin 2003, Berlin 2003, S. 164. **S. 85** Bus-Flucht: Hans-Hermann Hertle / Sven-Felix Kellerhoff, Ein Meter fehlte bis zur Freiheit, in: Berliner Morgenpost, 13.8.2007. **S. 87** Flucht mit der Planierraupe: Lagemeldung der West-Berliner Polizei, 12. September 1966 [PHS]; Die Welt, 12. September 1966; BZ, 12. September 1966; Der Tagesspiegel, 13. September 1966. **S. 89** „Trojanische Kuh": Interview von Peter Böger mit Angelika B. und ihrem Ehemann, 15. November 2004 (Name geändert); BStU, Ast. Potsdam, AU 493 / 70.

5 / Konfrontation und Entspannung

S. 92 Konzeptionelle Vordenker der „Politik der kleinen Schritte" und des „Wandels durch Annäherung" waren Willy Brandt und Egon Bahr. Siehe dazu aus der Sicht des Beteiligten: Egon Bahr, Zu meiner Zeit, München 1996. **S. 93** Speech-Card Kennedy: Abdruck mit freundlicher Genehmigung der John F. Kennedy Presidential Library. **S. 95** Zitat Chruschtschow: Rede des Ministerpräsidenten Chruschtschow auf dem VI. Parteitag der SED, 16. Januar 1963, in: Dokumente zur Deutschlandpolitik, IV / 9 (1963), S. 41; Zitat Kennedy: Rede des Präsidenten Kennedy in der Freien Universität, 26. Juni 1963, in: Dokumente zur Deutschlandpolitik, IV / 9 (1963), S. 465. **S. 99** Zum Häftlingsfreikauf grundlegend: Rehlinger

1991, Whitney 1993. **S. 100** Zur Aushandlung der Passierscheinabkommen siehe: Kunze 1999. **S. 102** Zitat Brandt: Willy Brandt, Erinnerungen, 4. Aufl., Berlin/Frankfurt a.M. 1990, S. 226; Breschnew zitiert nach: Hertle/Wolle 2004, S. 162; Honecker zitiert nach: Hertle 1999, S. 26.

6 / Die Perfektionierung des Sperrsystems

S. 106 Zum Ausbau der Sperranlagen siehe: Rathje 2001; Zitat Nationaler Verteidigungsrat siehe: Protokoll der 12. Sitzung des NVR der DDR, 12. September 1962. **S. 110** Zu den verschiedenen Generationen der Mauer vgl. Klausmeier/Schmidt 2004, S. 14–17. **S. 116/117** Kosten der Sperranlagen bis 1970 siehe: Stadtkommandant der Hauptstadt der DDR / Generalmajor Poppe, „Kostenberechnung für den Ausbau des Grenzsicherungsstreifens entlang der Staatsgrenze zu Westberlin in der Zeit von 1966–1970", Anlage 3 zur Vorlage Nr. 14/65, dok. in: Rathje 2001, S. 1394/95. **S. 117** Zur personellen Stärke der bewaffneten Organe in der DDR siehe die Beiträge in: Diedrich/Ehlert/Wenzke 1998. **S. 118** Angaben zum Grenzkommando Mitte: siehe „Auskunft zum Grenzkommando-Mitte (GK-Mitte) und der Staatsgrenze der DDR zu Westberlin", Streng Geheim (März 1989), sowie „Sicherung der Staatsgrenze im Bezirk Potsdam", 12. Mai 1989, in: BStU, MfS, Büro Neiber Nr. 60; zur Geschichte der Grenztruppen: Lapp 1999; Schultke 2000. **S. 119** Zur „Berliner Gruppierung" und ihrer Aufgabe, West-Berlin zu erobern, siehe: Oberst i.G. Hoffmann, Korps- und Territorialkommando Ost/IV. Korps, Die Besetzung West-Berlins, Manuskript, o. J. (1993), S. 2, sowie Wenzel 1995. **S. 120** Zum Schusswaffeneinsatz im Grenzgebiet siehe: Anklage-

schrift der Staatsanwaltschaft bei dem Kammergericht Berlin gegen Erich Honecker u.a., 12. Mai 1992 (2 Js 26/90), insbes. S. 298–330. **S. 121** Mündliche Befehlserteilung („Vergatterung"): MfNV, DV 30/10: Organisation und Führung der Grenzsicherung in der Grenzkompanie, 1967, VVS Nr. A 20367, S. 43; Zitat Honecker 1974: Protokoll der 45. Sitzung des NVR der DDR am 3. Mai 1974, in: BA, DVW 1 /39503, Bl. 34; Zitat Hoffmann: Armeefilmschau 7/1966; Zitat Honecker 1989: „Niederschrift über die Rücksprache beim Minister für Nationale Verteidigung, i.V. Generaloberst Streletz, am 3. April 1989", in: BStU, MfS, HA I Nr. 5753.

7 / Die Todesopfer an der Berliner Mauer

S. 124 Die Zahlenangaben und die Aufstellung der Todesopfer an der Berliner Mauer beruhen auf: Hertle/Nooke (Hg.) 2009; siehe auch: Ahonen 2011.

8 / Die Mauer in der Ära Honecker (1971–1989)

S. 136 Zur Expansion des MfS in der Ära Honecker siehe: Gieseke 2001, S. 69ff. **S. 139** Besuchsreisen und ständige Ausreise: siehe Hertle 2009, S. 46–61; Fluchthilfe in den 1970er- und 1980er-Jahren: siehe Detjen 2005, S. 270 f. **S. 140** Hartmut Richter: Text von Gabriele Schnell auf der Grundlage folgender Darstellungen: Ausstellung der Erinnerungsstätte Notaufnahmelager Marienfelde; Stiftung Gedenkstätte Berlin-Hohenschönhausen 2003, S. 49–51; Matthias Bath, Die Fluchthelfer Rainer Schubert und Hartmut Richter, in: Wege nach Bautzen II. Biographische und autobiographische Porträts, eingeleitet von Silke Klewin und Kirsten Wenzel, Dresden 1998. **S. 143** Tabelle „Zahlungen ... für den Freikauf" siehe: Whitney 1993, S. 400. **S. 145** Zu den Beziehungen zwischen der DDR und der Sowjetunion bis 1982: siehe Hertle / Jarausch 2006. **S. 147** Zur Ausreisebewegung: siehe Eisenfeld 1999, S. 381 – 421, sowie Hertle 1999, S. 80 – 91; dort auch die Zitate und ihre Nachweise. **S. 149** Tabelle Ausreiseanträge: siehe Bernd Eisenfeld, Flucht und Ausreise – Macht und Ohnmacht, in: Eberhard Kuhrt / Hansjörg F. Buck / Gunter Holzweißig (Hg.), Opposition in der DDR von den 70er-Jahren bis zum Zusammenbruch der SED-Herrschaft, Opladen 1999, S. 400. **S. 150** Gisela Lotz: Text von Gabriele Schnell, siehe auch: Gabriele Schnell, Das „Lindenhotel". Berichte aus dem Potsdamer Geheimdienstgefängnis, 3. Aufl., Berlin 2009, S. 157 – 169. **S. 153** Zitat Jäger: Hertle 1999, S. 380/81. **S. 156** Zitat Jäger: Hertle 1999, S. 380. **S. 158** Grenzübergang Glienicker Brücke: siehe Kunze 1999, Blees 1996, Behrendt 2003. **S. 160** Radioaktive Grenzkontrollen: siehe Hans Halter, Es gibt kein Entrinnen, in: Der Spiegel Nr. 51, 10. Dezember 1994, S. 176 – 180; Strahlenrisiko durch ehemalige DDR-Grenzkontrollen mittels Cs-137-Strahlung. Stellungnahme der Strahlenschutzkommission, 17. Februar 1995. **S. 161** Motorisierter Drachenfluggleiter, 20. Dezember 1986: BStU, MfS, AGM Nr. 480, Bl. 267 – 269; siehe auch: Claus Gerhard, Der begrenzte Himmel. Drachen- und Gleitschirmfliegen in der DDR, Berlin 2011, S. 134 – 145. **S. 162** Motorflugzeug, 15. Juli 1987: Der Tagesspiegel, 16. Juli 1987; Die Welt, 16. Juli 1987. **S. 163** Gescheiterte PKW-Flucht, 9. Dezember 1987: BStU, MfS, HA VI 158. **S. 164** Gelungene LKW-Flucht, 10. März 1988: siehe Strehlow 2004, S. 68 – 75; BStU, MfS, HA VI Nr. 158, Nr. 10101; BStU, Ast. Potsdam, AKG Nr. 868; BStU, Ast. Potsdam, Abt. IX Nr. 122;

Der Tagesspiegel, 11. März 1988; Die Welt, 11. März 1988; Berliner Morgenpost, 11. März 1988. **S. 165** Gescheiterte Auto-Flucht, 29. Juni 1989: BStU, MfS, HA VI Nr. 119. **S. 167** Zitat Gorbatschow 27. März 1986: siehe Im Politbüro des ZK der KPdSU..., 2006. **S. 170** Gorbatschow-Zitat Ende 1986 siehe: SAPMO-BA, DY 30 / IV 2/1/658. **S. 172** Zitat Gorbatschow siehe: Eintrag von KPdSU-Generalsekretär Michail Gorbatschow in das Gästebuch der DDR-Grenztruppen am Brandenburger Tor, 16. April 1986. **S. 173** Zitat Reagan 12. Juni 1987: Ansprache des US-Präsidenten Reagan vor dem Brandenburger Tor, 12. Juni 1987, in: Helmut Trotnow / Florian Weiß (Hg.), Tear Down this Wall. US-Präsident Ronald Reagan vor dem Brandenburger Tor, 12. Juni 1987, Berlin 2007, S. 218. **S. 174** Zitat Honecker Juni 1988: siehe HA XVIII / 4, Information [über die Beratung im Politbüro am 14. Juni 1988] von Major Friedrich an Generalmajor Alfred Kleine, 16. Juni 1988 [BStU, MfS, HA XVIII Nr. 3376, Bl. 47]; Zitat Günter Mittag vom November 1988: siehe Heinz Klopfer, Persönliche Notizen über ein Gespräch beim Mitglied des Politbüros und Sekretär des ZK der SED, Genossen Dr. Günter Mittag, 23. November 1988 [BStU, MfS, HA XVIII Nr. 3374, Bl. 118]. **S. 175** Zitat Honecker in: Neues Deutschland, 20. Januar 1989.

9 / Der Fall der Mauer

S. 178 Grundlegend zur Vorgeschichte und den Hintergründen des Mauerfalls sowie zur deutschen Einheit: Beschluss / Talbott 1993; Garton Ash 1993; Hertle 1999, S. 87f.; Hertle 2009, S. 62f.; Jarausch 1994; Kowalczuk 2009, Maier 1997; Neubert 2009; von Plato 2009; Sarotte 2009; Schuller 2009;

Weidenfeld 1998; Zelikow / Rice 1995; Zitat
Honecker: Neues Deutschland, 20. Januar
1989; zum Mord an Chris Gueffroy siehe:
Udo Baron / Hans-Hermann Hertle in: Hertle /
Nooke (Hg.) 2009, S. 429 – 433; zu Winfried
Freudenberg siehe: Martin Ahrends / Udo
Baron / Hans-Hermann Hertle in: Hertle /
Nooke (Hg.) 2009, S. 434 – 437. **S. 180**
Gescheiterte Flucht am Grenzübergang
Chausseestraße: BStU, MfS, HA VI Nr. 10101;
Die Welt, 10. April 1989; Der Tagesspiegel,
11. April 1989; Zitat Bert G. in: Berliner
Morgenpost, 3. Januar 1993; Zitat Honecker
zur Aufhebung des Schießbefehls, 3. April
1989: siehe BStU, MfS, HA I Nr. 5753.
S. 187 Zu Leipzig siehe: Hollitzer / Bohse
2000. **S. 188** „Analyse zur ökonomischen
Lage der DDR": dok. in: Hertle 1999, S. 448f..
S. 190 Zitat Kohl: Deutscher Bundestag,
11. Wahlperiode, 173. Sitzung, 8. November
1989, Stenographischer Bericht, S. 13017;
Zitat Krenz: Hertle / Stephan 1999, S. 303
S. 193 Zitat Schabowski: Hertle / Elsner 2009,
S. 44. **S. 194 / 95** Text der Pressekonferenz:
Vom Verfasser angefertigte wörtliche Nieder-
schrift einer Bild-Ton-Aufzeichnung der Presse-
konferenz vom 9. November 1989. **S. 197**
„Wir fluten jetzt" zit. nach: Hertle 2009,
S. 166; Zitat zum Grenzübergang Invaliden-
straße: Hertle / Elsner 2009, S. 150 – 152.
S. 202 Zitat Conny Hanschmann: Hertle /
Elsner 2009, S. 188. **S. 204** Zitat Teltschik:
Horst Teltschik, 329 Tage. Innenansichten
der Einigung, Berlin 1991, S. 23. **S. 206**
Zitat NVA-Kommandeur: Hertle 2009, S. 260.
S. 208 / 209 Zitat Weizsäcker: Hertle / Elsner
2009, S. 260 / 261. **S. 216** Zitat George
Bush: Hertle / Elsner 2009, S. 238. **S. 217**
Zitat Michail Gorbatschow: Hertle / Elsner
2009, S. 246 / 47; Zitat Helmut Kohl:
Hertle / Elsner 2009, S. 245 / 46. **S. 218** Zur

strafrechtlichen Aufarbeitung siehe: Bernhard
Jahntz, Die Bilanz der Strafverfolgung des
SED-Unrechts, Vortragsmanuskript,
Wustrau 2007; Schwerpunktabteilung der
Staatsanwaltschaft Neuruppin für Bezirks-
kriminalität und DDR-Justizunrecht, Bilanz
2006; siehe auch: Rummler 2000, Marxen /
Werle 2002, Grafe 2004, Marxen / Werle /
Schäfter 2007. **S. 222** Zum Mauerabriss
siehe auch: Sälter 2004. **S. 225** Berliner
Mauer in Tonnen: Peter Thomsen, Der Abbau
der Sperranlagen an der ehemaligen Berliner
Grenze, in: Vom Mauerbau zum Mauerfall,
Teil 1, hg. vom Brandenburger Verein für
politische Bildung „Rosa Luxemburg" e.V.,
Potsdam 1997, S. 31 / 32.

Anhang / Service

S. 228f. Nach Angaben der Einrichtungen
bearbeitet von Gabriele Schnell. Zu Museen,
Gedenkstätten sowie weiteren Erinnerungs-
orten und Gedenkzeichen siehe ausführlich
die Websites der Berliner Senatsverwaltung
(www.berlin.de/mauer/index.de.html) und
der Bundesstiftung zur Aufarbeitung der
SED-Diktatur (www.stiftung-aufarbeitung.de)

Dank an die Transfer Film Neue Medien GmbH
(TNM) sowie an die Cine Impuls Film und
Video KG für die Erlaubnis zur Verwendung
von Interviews, die für zwei ARD-Dokumentar-
filme durchgeführt wurden: „Es geschah im
August. Der Bau der Berliner Mauer"
(TNM / SFB u.a. 2001; Autoren: Ullrich
Kasten und Hans-Hermann Hertle) sowie
„Als die Mauer fiel – 50 Stunden, die die
Welt veränderten" (Cine Impuls / SFB u.a.
1999; Autoren: Gunther Scholz und Hans-
Hermann Hertle).

Bildnachweis

l = links, r = rechts, m = Mitte,
o = oben, u = unten

AKG: 169u, 183
AP: 180, 181, 182
Jürgen Ast Film- und Videoproduktion: 142
Axel Springer AG / Ullstein GmbH: 122
Hans-Dieter Behrendt: 158, 159u, 162
Berliner Mauer-Archiv Hagen Koch: 17,
19, 53r, 112, 114/15, 119, 132/33, 219
Bildarchiv Preußischer Kulturbesitz: 61
BStU: 69, 72, 75, 88, 89, 120, 122
(H. Trabant, W. Freudenberg), 141, 153, 154,
155, 157, 159o, 161, 163, 164, 165, 221
Bundesarchiv: 35 (183 - 57000 - 0138 /
Sturm), 36 (183 - 83494 - 0010), 38 (183 -
83911 - 009), 43 (183 - 85458 - 0001 / Junge),
69u (183 - 1990 - 0720 - 302 / Kull), 94u
(146 - 2006 - 0069 / Jurisch), 97m (183 - K1102 -
032 / Franke), 97u (183 - L0614 - 040 / Koard),
107u (B 145 Bild - P091010), 117 (183 -
E0813 - 0027 - 0001), 168o (183 - 1986 - 1012 -
009 / Koard), 172 (183 - 1986 - 0416 - 418 /
Reiche), 174 (183 - 1989 - 0119 - 042),
186 (183 - 1989 - 1007 - 402), 190 (183 - 1989 -
1108 - 406), 194 (183 - 1989 - 1109 - 030 /
Lehmann), 224o (183 - 1990 - 0508 - 421 / Kull)
Deutsches Historisches Museum: 24/25
Deutsches Rundfunk-Archiv: 192
DPA-Alliance: 189, 216
**Erinnerungsstätte Notaufnahmelager
Marienfelde:** 33, 138
Gerhard Gäbler: 187
Gedenkstätte Berliner Mauer: 78, 79
Hans-Hermann Hertle: 10/11, 98, 151,
226, 227

John F. Kennedy Library: 93
Hilde Kroll: 224u, 225
Landesarchiv Berlin: 56 (Horst Siegmann,
F Rep. 290, Nr. 78184), 57u (Horst
Siegmann, F Rep. 290, Nr. 77247), 59
(Horst Siegmann, F Rep. 290, Nr. 77058),
60 (W. Schäfer, F Rep. 290, Nr. C 1163),
86 (J. Jung, F Rep. 290, Nr. 102921),
90/91 (Bert Sass, F Rep. 290, Nr. C 1108)
Gisela Lotz: 150
Dajana Marquardt: 16, 18, 20
**Polizeihistorische Sammlung des
Polizeipräsidenten in Berlin:** 2, 21, 48,
50, 52, 62, 63, 73, 76, 77, 81, 82, 85, 87,
96m, 97o, 107, 109, 110, 111
Potsdam Museum: 27
**Presse- und Informationsamt der
Bundesregierung:** 43, 49, 54, 94o, 96o,
96u, 104/105, 146, 168m, 168u, 169o,
184, 191, 200/201, 202/203, 208, 209,
212, 215, 223
**Presse- und Informationsamt des
Senats von Berlin:** 22
Private Leihgaben: 53l (G. Litfin), 122/123
(G. Litfin, H. Räwel, M. Kollender,
E. Wroblewski, K.-H. Kube, G. Savoca,
H. Kiebler, U. Steinhauer, M. Jirkowsky,
R. Liebeke, L. Schmidt, C. Gueffroy); 179l
(C. Gueffroy)
Thomas Raupach / Argus: 211
Jürgen Ritter: 137
Andreas Schoelzel: 176/177
Spiegel-TV: 198/199
Spiegel-Verlag: 160
Staatsarchiv Hamburg: 46/47 (STAH CP
32512)
**Stiftung Haus der Geschichte der
Bundesrepublik Deutschland:** 28/29
(1987/3/061)
Ullstein Bild: 40/41, 44, 55, 57o, 58, 65,
66/67, 74, 83, 84, 101, 108, 145, 205, 206

Danksagung

Für die fachkundige und engagierte Unterstützung bei der Bild- und Dokumentenrecherche sowie für hilfreiche Anregungen und kritische Hinweise danke ich sehr herzlich: Jürgen und Daniel Ast, Udo Baron, Kar-Heinz Baum, Peter Böger, Hildegard Bremer, Arvid Brunnemann, Wolfgang Borkmann, Christine Brecht, Gabriele Camphausen, Klaus Deutschländer, Bettina Effner, Roger Engelmann, Stefan Falk, Bärbel Fest, Sylvia Gräfe, Lucia Halder, Hope M. Harrison, Doris Hauschke, Helge Heidemeyer, Bernhard Jahntz, Bernd Keichel-Enders, Sven Felix Kellerhoff, Hagen Koch, Hilde Kroll, Christoph Links, Maria Nooke, Claudia Promnitz, Wolfgang Rathje, Annelie Rosenmüller, Ekkehard Runge, Gerhard Sälter, Mary E. Sarotte, Gabriele Schnell, Hannelore Strehlow, Hans-Werner Weber und Hannes Wittenberg.

Mein herzlicher Dank gilt darüber hinaus Sabine Berthold, Birte Lock, Egbert Meyer, Michael Schultheiss und Thorsten Schilling für die exzellente Zusammenarbeit in der Redaktionsgruppe der Website www.chronik-der-mauer.de sowie meinen Kolleginnen und Kollegen am Zentrum für Zeithistorische Forschung in Potsdam für inspirierende Gedanken und Kritik.

Abkürzungen

Abt. Abteilung

ADN Allgemeiner Deutscher Nachrichtendienst

AKG Auswertungs- und Kontrollgruppe (Stasi)

AP Associated Press

ARD Arbeitsgemeinschaft der öffentlich-rechtlichen Rundfunkanstalten der Bundesrepublik Deutschland

ASt. Außenstelle

AZN Archiv-Zugangsnummer

BA Bundesarchiv

BMiB Bundesministerium für innerdeutsche Beziehungen

BRD Bundesrepublik Deutschland

BStU Der Bundesbeauftragte für die Unterlagen des Ministeriums für Staatssicherheit der ehemaligen DDR

BV / BVfS Bezirksverwaltung für Staatssicherheit

CDU Christlich-Demokratische Union Deutschlands

CIA Central Intelligence Agency

Cs Cäsium

DDR Deutsche Demokratische Republik

DM Deutsche Mark

Dok. Dokument

DPA Deutsche Presse Agentur

DRA Deutsches Rundfunkarchiv

FDJ Freie Deutsche Jugend

GK Grenzkommando

GR Grenzregiment

GT Grenztruppen

GTÜ Grenztruppen-Überlieferung

GÜST Grenzübergangsstelle

GVS Geheime Verschlusssache

HA Hauptabteilung

KGB Komitet Gosudarstvennoy Bezopasnosti (sowjetische Geheimpolizei)

LAB Landesarchiv Berlin

MA Militärarchiv

MdI Ministerium des Innern

MfNV Ministerium für Nationale Verteidigung

MfS Ministerium für Staatssicherheit

MR Ministerrat

NATO North Atlantic Treaty Organization

NVA Nationale Volksarmee

NVR Nationaler Verteidigungsrat

PB Politbüro

PHS Polizeihistorische Sammlung des Polizeipräsidenten in Berlin

RIAS Radio im Amerikanischen Sektor [Berlins]

SAPMO Stiftung Archiv der Parteien und Massenorganisationen der DDR

SBZ Sowjetische Besatzungszone

SdM Sekretariat des Ministers

SED Sozialistische Einheitspartei Deutschlands

SPD Sozialdemokratische Partei Deutschlands

SPK Staatliche Plankommission

Stasi Staatssicherheit

StGB Strafgesetzbuch

SU Sowjetunion

UN United Nations

USA United States of America

UdSSR Union der Sozialistischen Sowjet-Republiken

VEB Volkseigener Betrieb

Vopo Volkspolizei / Volkspolizist

VP Volkspolizei

VPKA Volkspolizei-Kreisamt

VVS Vertrauliche Verschlusssache

WDR Westdeutscher Rundfunk

ZAIG Zentrale Auswertungs- und Informationsgruppe

ZERV Zentrale Ermittlungsgruppe für Regierungs- und Vereinigungskriminalität

ZK Zentralkomitee